無気力　かたくな　マイナス思考 etc.

マンガで解説

認知症の人の気持ちと接し方がわかる本

夢はるか 著　小坂直樹 監修

大和出版

はじめに

「わからない」の答えが自然と見えてくる

たくさんの介護の本の中から、この本を手に取っていただき、本当にありがとうございます。

「思うような介護ができない」

「かけがえのない家族なのに、気持ちがわからない」

「どうやって接したらいいのか、見当さえつかない」

もしかしてあなたは今、そのような厳しい状況の中にいらっしゃるのかもしれません。

はじめまして。わたしは現在、Yahoo!ニュース エキスパートのクリエイターとして認知症や介護についての記事の執筆をはじめ、動画を通して、認知症の方への介護のポイントや、介護福祉・健康・脳トレ関連の漫画の配信なども行っている、夢はるかと申します。

介護福祉士としてのキャリアは15年以上。家庭的な雰囲気の小さな事業所で、デイサービスから訪問介護まで、これまで多くのことを現場で学んできました。

利用者の多くは、とても優しく接してくださいましたが、**ときには認知症の方から嘘つ**

きと罵られたり、泥棒扱いされたりしたこともあります。

笑顔で接しなければと、心では思っていても、新人のうちは利用者の前に出ると、どうしても顔がひきつってしまうこともありました。

しかし認知症介護の経験を積むうちに、**思い通りにならない場面でも、少しずつ落ち着いて対応できるようになっていきました。**

それは決して、厳しい仕事に慣れて心の痛みを感じなくなったからではありません。

どんなに困難だと思える介護でも、先輩のアドバイスに従い適切な対応さえ続けていけば、大抵の場合、乗り越えられることができ、「そんなこともあったなぁ」と、数か月後には懐かしく思えることがほとんどだったからです。

そんな成功体験を研究会で発表したり、介護福祉士会の仲間の経験談を聞くうちに、**うまくいく介護には共通のセオリーのようなものがある**ことに気づきました。

それは、**認知症の方への介護に行き詰まったときには、ちょっとだけ視点を変えるということ――。**

くわしくは本編でお伝えしていきますが、そうすることで、**穏やかにうまくいく答えが自然と見えてくる**のです。

たとえば、わたしは、介護をする際、相手をよく「観察する」ことから始めます。

利用者が汗をかいているようなら、室温を下げるだけで機嫌が良くなることもあります。よく観察し、不機嫌の原因を見つけることが結果的に解決につながっていきます。

自分で片付けたことを忘れて、盗まれたという人には、そんなことはあり得ないと否定する前に、一緒に探すようにします。

「いつも一緒に」寄り添う優しい気持ちは認知症の人にも伝わります。**すると、こちらに対する疑いが一転して信頼に変わることもあります。**

一方で打つ手がないと思ったら、自分一人で抱え込まずに、身近にいる誰かに「相談する」ことも大事です。

そうすることで、**認知症の方だけではなく、自分自身の気持ちも和らぎ、介護がスムーズにいく**ケースは、これまで数えきれないほどありました。

ちなみに利用者のご家族からは、こんなうれしい声をいただいております。

「一年以上入浴を拒否していた母が、**嫌がらずにお風呂に入るようになりました**」

「家では何もすることがなく、**ほとんど寝たきりだった祖母が、毎週デイサービスで可愛いぬいぐるみを作ってくる**ので驚いています」

「仕事に行くといって出かけたまま、行方不明になることが何度もあった認知症の祖父が、デイサービスで自分の特技を活かせる**役割を与えられたことがきっかけで、家でも落**

ち着いて過ごせるようになりました」

そこでこの本では、実際の介護現場のエピソードを紹介しながら、認知症の方が何を考えているのか、家族をはじめ介護者がどのように接していけばいいのかを、お伝えしていきます。

本文では、読者のさまざまな状況に応用できるように、それぞれのケースに対して、1つではなく、いくつかのヒントを「お助けアイデア」や「お助けアドバイス」としてご紹介しております。

ムリなくできるものばかりを集めましたので、ぜひ毎日の介護にご活用ください。

とはいえ、今のあなたは、心身ともに余裕のない状況で、そんなことはできないと感じられているかもしれません。

本文に入る前に、わたしが介護の仕事で困ったときに、一番の助けになった、先輩職員からのアドバイスをお伝えしますね。それは、

「**どんなに難しいと思える介護でも『なんとかなる』ものだよ**」

という言葉。これは長年のわたしの経験からも真実だと確信しています。

この本が、あなたの日々の介護のお役に立ちますように。

夢はるか

【マンガで解説】認知症の人の気持ちと接し方がわかる本　目次

第1章 認知症の基礎知識

口癖や行動からサインをキャッチする

第2章 認知症の人との接し方

ラクな気持ちで上手に付き合えるコツ

第3章

【介護あるある】日常生活でのサポート

介助から安全な環境づくりまで

第4章 もっと生活しやすくなる方法

食事面から睡眠まで

第5章
日頃からできる認知症改善のヒント
寄り添いながらやれること

番外編

きっと将来役立つ介護の言葉

イラスト／夢はるか
本文デザイン／上坊菜々子
ＤＴＰ／美創

第 1 章

認知症の基礎知識

口癖や行動から
サインをキャッチする

認知症に現れやすい【話し方の特徴3選】

仕事帰りに立ち寄るスーパーで、買い物が済んでレジに並ぶと、ずいぶん列が長くなっていることがたまにあります。（おそらく認知症だと思われる）高齢のお客さんと店員さんとの間で、うまく話が伝わらず会計に時間がかかっているのです。

そこでそんなトラブルになりやすい、認知症の高齢者に特有の話し方について解説します。後半では、認知症の人とうまく話すためのコツもご紹介しますので、ぜひ最後までお読みくださいね。

① 同じことを何度も聞き返す

認知症によく見られる症状に「**もの忘れ**」と「**見当識障害**《けんとうしきしょうがい》」があります。

見当識障害とは「日付・時間」「場所」「相手が誰か」など、**自分が置かれた状況がわからなくなる**ことです。

話の途中で日や時刻、場所などを繰り返し聞き返すことがあれば、「もの忘れ」に加えて「見当識障害」が起きている可能性があります。

② 会話がかみ合わない

見当識障害があると、**話している相手が誰なのかわからない**状態になることがあります。たとえば、実の娘と話しているのに敬語を使っていたら、他人と勘違いしている可能性があります。また認知症の人は、**会話のつじつまを合わせようとして適当な作り話をすること**があります。これを「**作話**《さくわ》」といいます。

介護のプロでも信じてしまう、巧妙な作話をする人もいます。要介護認定の調査員に対して、

「自分は、何不自由なく家事ができる」

と自信満々に話す人もいます。その人が一人暮らしで、周りに確認できる人がいないと、実際とは違う介護度で認定されてしまうことも起こります。

③ 会話が弾まない

認知症の症状には「**アパシー**」というものがあります。

アパシーとは、**日常のあらゆる出来事に関心を失っている状態**です。

それまで大好きだった趣味の話題でも会話が盛り上がらなくなったら、アパシーの可能性があります。うつ病とは違い、気分の落ち込みはないので、はじめは家族にも気づかれないこともあります。症状が進むと、世間のことだけでなく自分のことにも関心がなくなり、着替えや部屋の掃除もしなくなります。

その段階になって、ようやく周りが気づく場合もあります。

お助けアイデア

1 認知症の人との会話のコツ

認知症の人との会話で大事なこと。それは**相手の表情を見る**ことです。**言葉だけでなく、表情からも心の動きを感じる**ことが必要なのです。

そして、**同じ目線**の高さで話すようにしましょう。こちらの表情を相手に見せることで、言葉だけでは届かない細かなニュアンスを伝えることができます。

回りくどい表現はせず、短い言葉で、**シンプルな会話**を心がけましょう。

一方的に話を続けないで、そのつど**アイコンタクト**で、相手の**理解度を確認**することも大切です。

認知症に現れやすい【話し方の特徴3選】
同じことを何度も聞き返す
○月○日
時間・場所・相手などがわからなくなる「見当識障害」の症状かもしれません
…
会話がかみ合わない、つじつまが合わない
ペラ
あることないこと
ペラ
えっ?
実際には起こっていないことを話す「作話」をすることもあります
会話が弾まない
日常の出来事に関心を失っている「アパシー」の状態かもしれません
ボ〜〜…

・同じ目線で、焦らずゆっくり
・シンプルに、
わかりやすく話す
・アイコンタクトも大切に

2 ジェスチャー

また、言語能力が低下した人に説明する手段として、適度な**ジェスチャー**を交えることもおすすめです。

腰の曲がった高齢者に、
「ほかの人と同じスピードで歩いてください」

という人はいないと思います。

しかし、外見だけではわからない認知症の人に対して、つい難しい話をしてしまうのは意外とよくあることです。お年寄りと話していて、なんとなく、「話が合わないな」と思ったら、今日ご紹介したことを思い出してみてくださいね。

3 ▼ 相手に寄り添う

高齢者との会話では、一回で話を理解してもらえなかったり、何度も聞き返されるということがあります。

その場合、相手を「さっきもいいましたよ」など否定したり、「また同じことといって！」とイライラしないことが大切です。「わたしにそのことを伝えたいんだな」とリラックスした気持ちで話を聞きましょう。また、同じ場所にいて会話が続かないと、なんだか気まずいと思ってしまう方もいるかもしれませんね。話が苦手だったり、たまたまそんな気分ではないときは誰もがあるものです。**相手の気持ちに寄り添った沈黙の時間があってもいい**と思います。

なぜ同じ話を何度も繰り返すのか？

さきほど、同じ話を何度も聞き返す症状についてお話をしましたが、認知症の症状として、「同じ話を繰り返し、何度も話す」ということがあります。

わたしがデイサービスで働いていたときにも、女学校の思い出や戦争の体験など、毎回同じ話を繰り返す方が、よくいらっしゃいました。

わたしたち介護職にとって、繰り返しお年寄りの同じ話を聴くことは慣れた仕事ですが、介護する家族にとっては、**イライラや疲れの原因**になることも多いと思います。

その理由を知ることで、家族のストレスを軽減できるかもしれません。

① 繰り返しも、本人にとっては「同じ話」ではない

記憶が衰えた認知症の人は、直前の出来事も忘れてしまうことがあり、そのため話を聴くほうは、

「また同じ話だ」

と思っても、本人は直前に話したことを忘れて同じ話を繰り返していることも。

ただ数分ごとに同じ話を繰り返されると、

「さっきも聞いたよ！」「しつこい。もういい加減にして！」

といいたくなってしまうこともあるでしょう。しかし同じ話を繰り返す背景には、記憶力の低下以外にも、**何か大切な理由**があるのかもしれません。

② 不安な気持ちを和らげるため

たとえば認知症が原因で、それまでできていたことがうまくできなくなり、自信をなくしたり不安感を感じている人もいます。また、その気持ちや不安な状態をうまく伝えることも、認知症のせいで難しくなります。

そんなとき、**自分自身を認めてもらいたい気持ち（自尊感情の維持）**や**不安感**から、「過去の自慢話」を何度も繰り返すことがあります。一方で昔の話を聞いてもらうことで、抑うつ（気分がふさぎこみ、憂うつな状態）が減少し、生活の質（QOL）が向上する効果が期待されます。また、自尊感情が満たされ、漠然と感じていた不安が解消されると、**同じ話を何度もすることが減ってくる**こともあります。

とはいえ……。毎日、じっくりと話を聴く時間をもつのは、なかなか難しいですよね。

お助けアイデア

1 聴く時間を決める

一緒にいる間ずっとではなく、一定の時間を決めて話を聴いてみましょう。聴く人がストレスにならない程度の、**ちょうど良い時間を**探してみるといいと思います。話が繰り返しになる前の、キリのよいタイミングで、「そろそろ夕食の準備をはじめますね。また聴かせてね」など、前向きな声かけをすることで、気持ち良く会話を切り上げることができますよ。

2 他者の力を借りる

認知症の人とその家族の交流や、専門職を交えて情報交換を行う「認知症カフェ（オレンジカフェ）」が全国的に地区ごとに開催されています。このような地域の社会資源を活用することは、本人にとっても家族にとっても良い影響をもたらすでしょう。

わたしが介護の仕事の中で、ご家族からよく聞く言葉は、「もっと早く相談すれば良かった」ということです。一人で真面目に介護に向き合おうとすると、つい**無理をして自分の仕事や生活、健康を損なう**ことになりがちです。

わたしの女学校の頃はねぇ…
お嫁に行ったときなんてね…
昔話を繰り返したり、
不安な気持ちから同じ話を何度もするときもあります
認められたい
不安
さらに…
同じ話をしていると思っていない
同じ話でも、本人にとっては毎回初めての話だったりします

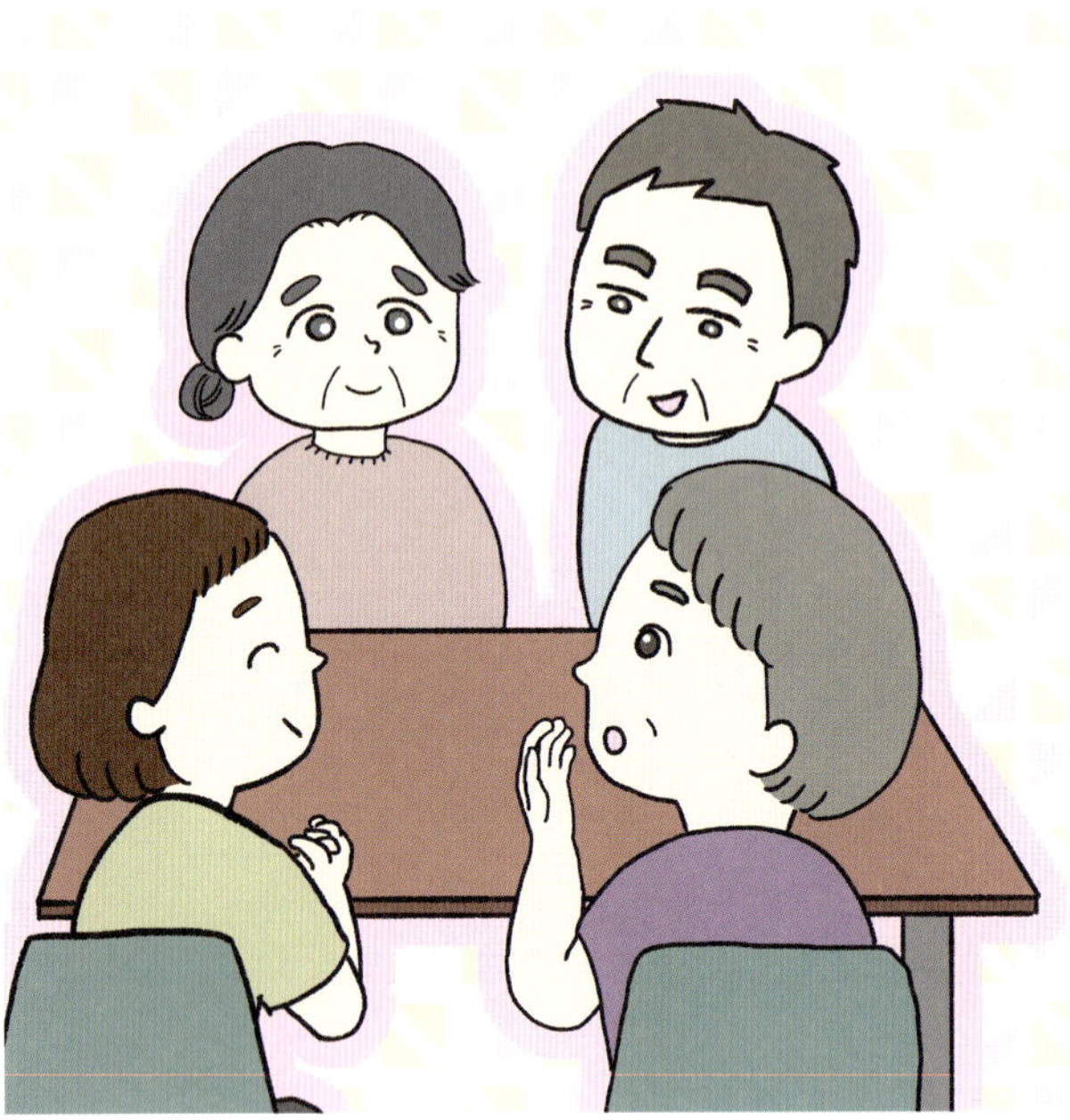

介護者が無理なく介護に関わることは、とても大事なことだと感じます。
決して一人で抱え込むことなく、ほかの家族と負担をわかち合い、介護サービス、地域のボランティアなど、地域の力も積極的に借りて、**無理しない介護**を続けていきましょう。

3 写真や日記など、思い出すキッカケになるものを用意する

過去の家族写真や絵を見せたり、好きだった曲を一緒に聴くなど、**本人が昔を思い出しやすくなるアイテム**を準備するのもよいでしょう。

今まで聞いたことのない若かりし頃の楽しい思い出話が聞けるかもしれませんよ。

帰省で気づく【認知症のサイン3選】

帰省の時期、久しぶりに、実家の両親に会う人も多いかもしれませんね。

1年ぶり、または数年ぶりに会う両親の姿に、

「あれ！　なんか変だぞ」

と感じることもあるでしょう。

それが、誰にでもある正常な老化現象なのか、あるいは認知症の初期症状なのか気になるところです。

そこで、帰省で気づく代表的な認知症の初期症状をご紹介します。

初期症状 ① 身の回りの管理ができない

こんなことはないでしょうか？
・捨てられない不用品（ゴミ）が増えている
・薬の飲み残しが多い

・財布が小銭でパンパン
・料理の味付けがうまくできない

などなど、**認知症による記憶力や判断力の低下**によって、以下のようにさまざまな身の回りの管理が難しくなってきます。

ゴミ収集の日を忘れてしまい、ゴミがたまっていきます。

薬を飲んだかどうか覚えられず、飲み残しがどんどん増えていきます。

買い物はすべてお札を出すので、小銭がたまるばかりです。

さらに、慣れた料理もうまくできなくなってきたら、認知症の可能性を考えたほうがよいかもしれません。

初期症状 ② わからないことが増えた

こんなことはありませんか？

・今日が何月何日かわからない
・夏でも曇りの日には冬だという
・大事な物をどこにしまったのかわからず、探し回ることが多い
・嫁や孫のことが、誰だかわからないようだ

お盆やお正月など、両親や親戚との久しぶりの再会で…
こんな変化や違和感を感じたら、要注意です
薬の飲み忘れ
おくすり
片付けが難しい
料理の味付けがうまくできない
小銭ばかりの財布
よく探し物をしている、日付がわからない、
8月
約束したこと自体を忘れてしまう場合もあります
怒りやすい、物を盗られた、
外出したくない、いるはずのない人が見えるなどの、性格の変化が起こる場合も
NO

認知症の症状には、さきほどお伝えした**見当識障害**があります。

見当識障害では最初に、今の時間や今日の日付や季節など、**時間の感覚**がなくなります。

次に、今どこにいるのかなど、**場所の感覚**がなくなります。

最後に、目の前にいるのが誰なのかなど、人の感覚がなくなっていきます。

これらに思い当たることがあれば、認知症の可能性があるかもしれません。

初期症状③ 気持ちが不安定

- ちょっとしたことで怒る
- その場にそぐわない幸せそうな表情
- 自分の大切な物を誰かに盗られたとい

う

・実際にはない物が見えたり、いない人がいるという

……こんな場面を見て驚いたことはありませんか？

このような**性格の変化**も、認知症によく見られる症状で、そうなるのは前頭葉機能の低下によって**感情の抑制ができないから。**そのため怒りっぽくなってしまいます。後でお話しする**多幸感**といわれる、その場にそぐわない幸せな表情をしていることもあります。

一方、自分で片付けたことを忘れて、人に盗られたといい続ける、**ものとられ妄想**が現れます。さらには実際にはない物や人が、ありありと見える**幻視**が起こります。

お助けアドバイス

あくまで病気の症状だと理解して

それまで普通にできていたことが、できなくなった親の姿を見るとつい、

「怠けているんじゃないか」

「たまにしか来ない、自分たちへの当てつけか」

などと、ネガティブな感情がわいてくる人もいらっしゃるかもしれません。

しかし、今日ご紹介したことは、すべて認知症という病気の症状であるという理解がま

ずは必要です。

決して、年老いた両親が、**誰かを困らせようとしているわけではない**のです。

だからこそ冷静に、今起こっていることを客観的に記録してみましょう。

医療機関や介護サービスと連携することで、認知症高齢者が住み慣れた地域で暮らし続けることができる時代です。

親の介護について、真剣になりすぎて**思い詰めるのは賢明ではありません**。

「自分がやらなくても、誰かがやってくれる」

それぐらいの心の余裕を持つほうが、結局は、親との良い関係を続けることができると思います。

認知症に家族が気づくサイン3選

さきほどもお伝えしたように、お年寄りの行動を見た家族が、「ちょっと、おかしいな?」「いつもと違うぞ!」と気づく……。では、どのような変化が起こったら、認知症の可能性があるのでしょうか? さらにくわしくお伝えしていきましょう。

① 5分前のことを忘れる、昔のことは覚えている

ひ孫が来て、うれしそうに遊んでいたと思ったら、帰った途端に忘れている。

しかし、自分が子育てをしていた昔のことは、昨日のことのように正確に覚えている。

認知症の人には、そんなことがありがちです。認知症の人の記憶は、昔のことよりも、**最近のことからわからなく**なっていくことが多いようです。

お助けアドバイス

初期の認知症では、記憶自体ができないのではなく、**思い出すことができない**(想起に

障害がある）場合もあります。このようなときは、適切なヒントがあれば、思い出せることもあります。「どんなヒントを出したら、思い出してくれるかな？」と記憶を取り出す手がかりを探していくと、認知症の人との会話が楽しくなるかもしれませんよ。

② 冷蔵庫に同じ物が複数入っている

食べきれないほど、同じ食品をたくさん冷蔵庫に買い込んでいるのは、認知症の人によくあるパターンです。たくさんいた昔の家族が、今でも住んでいると、**記憶が逆戻り**している可能性もあります。きっと当時は、たくさん食べ物を買う必要があったのでしょうね。

お助けアドバイス

買い物を無理にやめさせたり、強い口調で怒るのはかえって不安をあおり、混乱を招きます。買い物へ出かける前に、一緒に冷蔵庫を確認して、「買い物メモ」を書くようにするといいですよ。

③ ひんぱんに約束の時間を忘れる

繰り返しになりますが、認知症になると「**見当識障害**」が現れることがあります。たと

ぽわ〜ん
なんだか最近、いつもと違う気がする…
認知症…？
今日来てたゆめちゃん、可愛かったねぇ〜
今日？誰か来てたかな？
孫が遊びに来てたことをすぐに忘れてるし…
数時間前
ばあば
うさぎちゃんでちゅよ〜
あんなに遊んでたのに！
え！
あ！
この間一緒に行った場所だね！
TV
そ…そうだったかな？
いつ行ったんだっけ…？
遊びに行ったこともすっかり忘れてる
冷蔵庫
食パン
同じ物ばっかり買ってきて、冷蔵庫の中は食パンだらけ！
また食パン…！
もしかして…認知症？

えば、午後の昼寝から起きて「おはようございます」というのは、**時間の見当識に障害**がある可能性があるからです。これにもの忘れが加わると、ひんぱんに約束の時間を忘れるようになります。

お助けアドバイス

そんなときはプライドを傷つけないように、さりげなく月日や曜日を聞いてみましょう。「なんでわからないの！」などと責めずに、それとなく教えてあげてくださいね。**どの程度まで見当識障害が進んでいるのかを知ること**が、適切な援助を考えるうえで参考になります。

認知症に多い口癖3種類

わたしは仕事柄、認知症の方とお話しすることが多いのですが、なんとなく**共通の口癖がある**ことに気づきます。

そこでそんな認知症の人に多い口癖を、独断で3種類に分類してみたいと思います。

① 上から目線で批判的

「今の若い人は〜」「こんな社会が悪い」「○○なのは、○○のせい（自分は悪くない）」

こんなふうに上から目線で、社会や他人のことを見下す人……よくいますよね。

他者の批判を繰り返す人からは、自然と人が離れていきます。

人との交流が減るに従って、**認知症のリスクが高まる**ことはデータからもわかっています。

② 無気力

「なんでもいい」「めんどくさい」「なんにもしたくない」

そんな無気力が、認知症の症状として現れることもあります。

考えない状態が続くと、ますます**脳の働きが低下**していきます。

③ マイナス思考

「どうせできない」「もうだめだ」

「もう年だから」「自分なんて」

なんでも最初からあきらめてしまう、マイナス思考の口癖がある人もいますよね。

しかし、高齢になってからの成功体験があると、ガラッと考え方が変わることがあります。

あきらめずに挑戦したことで、**一度失った自信が回復**し、その後、**生き生きとした人生**を送るお年寄りを、わたしは何人も見てきました。

何歳になっても、チャレンジと成功は可能です。

認知症の方に共通する口癖が3種類あります！
上から目線で批判的
今の若い人は～
こんな社会が悪い！
○○なのは○○のせい！
無気力
なぁんでもいいわ
めんどくさいし
なんにもしたくないの
だからなんでもいいわ
マイナス思考
もうだめだ・・・
どうせできない・・・
もう年だから・・・
自分なんて・・・

今までマイナス思考だった方がプラス思考へ、そんな感動の一瞬を共に過ごせることが、介護のプロの醍醐味でもあります。

お助けアイデア

1 生活リズムを整える

生活リズムが乱れると昼夜関係なく横になったり食事時間がバラバラになったりと影響が出てきます。また、生活の乱れは意欲低下や落ち込みやすくなったり、焦燥感や不安から悲観的に物事をとらえがちになります。まずは窓辺で**日光浴やストレッチ**で体を動かし、睡眠や食事時間を整えることからはじめましょう。

2 ガーデニングや手芸など手軽にできる趣味を探そう

土いじりが好きな方は小さなプランターに花や野菜を育てることから、手芸が好きだった方なら刺し子や刺繍など小さな作品からはじめるのも良いですね。どちらも**簡単なキットが販売**されているので、成功体験が積みやすいです。成功は自信につながり少しずつ前向きな発言や行動範囲が広がるなど、プラスに働いていきます。

3 テレビゲームなど、新しいことに挑戦する

ゲームなんて！と思われる方も多いかもしれませんが、実際に高齢者施設で囲碁や将棋、麻雀やパズルゲームなどの**テレビゲームを楽しんでいる方は多くいます**。

若者に注目されているeスポーツにもパズルゲームがあります。

TVゲームは1つのアイデアですが、脳トレや運動にもなりますし、若者との会話の接点にもなりやすいところは、**大きなメリット**の1つなのではないでしょうか。

認知症のはじまりかも？
こんなふうにテレビを見ていたら注意！

最近の若い人は、全然テレビを見なくなったといわれますね。「スマホを見ない日はないが、テレビは見ない日が多い」という若者のほうが、今や多数派なのかもしれません。しかしお年寄りの場合は、そうでもありません。「テレビを見ない日はない」というのが、多くの高齢者の姿ではないでしょうか。

そんなお年寄りの「**テレビを見る様子の変化**」で、認知症のはじまりがわかることがあります。そこで、わたしが認知症介護の現場で気づいた「**こんなふうにテレビを見ていたら認知症のはじまりかも？**」と思われるケースを3つ紹介します。

① 以前とは番組の好みが変わった

認知症の症状に、**無関心**や**無気力**があります。

- 料理番組を楽しみにしていたのに、いつの間にか見なくなった。
- 趣味の園芸番組を欠かさず見ていたのに、急に興味がなくなった。

そんな変化があったら、認知症のはじまりかもしれません。番組の説明がわからなくなる、**理解力の低下**も疑われます。

認知症以外でも、

・**聴力の衰え**で声が聞こえにくい

・**視力の衰え**で画面が見にくい

などの原因も考えられます。それらの理由であれば、メガネの度数を調整したり、補聴器を用意することで、解決する場合もあるでしょう。

② ドラマやクイズ番組を見なくなった

認知症の症状に、**記憶の衰え**があります。前回までのストーリーを思い出せないと、連続ドラマを毎回途中から見るような感じになってしまいます。

これではドラマの面白さが半減ですね。推理ドラマでは、クライマックスで前半のシーンを思い出せないと、「なるほど！ そうだったのか」という謎解きの醍醐味がなくなってしまいます。クイズ番組を見ていても、そもそも問題が何だったのか思い出せない状態では、答えも考えられないですよね。このように、記憶が衰えるとドラマやクイズ番組が面白くなくなってしまいます。それまで、ドラマやクイズ番組が好きだった人が、急に見なくなったら認知症の可能性が考えられます。

③ 同じチャンネルをずっと見ている

以前なら、いろんなチャンネルから番組を選んで見ていたのに、ずっと同じチャンネルを見続けるようになったら要注意です。番組の内容は理解できず、映像の動きを眺めているだけの状態になっているかもしれません。それまでは、家事の合間にテレビを見ていたのに、その反対に、テレビの合間にトイレや食事をするだけという状態になっていたら、さらに深刻ですね。

こうなってしまうと、テレビは認知症をさらに進行させる原因にもなりかねません。

最近、テレビ局を巡るさまざまな問題提起がネット界隈を騒がせています。認知症の問題を別にしても、テレビはその内容を、ただ鵜呑みにすることなく、主体的に考えながら見ることが大事だと考えさせられます。ネットの情報についても、同じです。記憶力の衰えだけが顕著で、その場その場で正しい判断する能力は衰えていない認知症のケースも少なくありません。

年をとってからも、自分で考えることを忘れず、テレビやネット以外の楽しみも見つけられるように、わたしも高齢者予備軍として、今から準備していきたいと思っています。

以前とは番組の好みが変わった
・無関心
・無気力
・理解力低下
これらの症状が原因かもしれません
ドラマやクイズ番組を見なくなった
記憶力の低下で、ストーリーやクイズを覚えられず、わからなくて楽しめなくなります
前回のつづき…？
思い出せない…
同じチャンネルをずっと見ている
画面をただ眺めるだけになっているかも
頭を使うことが減り、認知症が進んでしまうかもしれません
ぼ〜…

認知症になると顔に現れる【特徴的な表情3選】

認知症になると、顔つきや表情にいくつかの特徴が現れます。認知症と一口にいっても、その原因や症状はさまざまです。その人の認知症のタイプによって、特徴のある顔つきに変化していきます。そこで認知症の特徴的な表情をご紹介していきます。

① 暗く悲しそう

認知症になると、記憶力や判断力が低下していくケースがよくあります。それに伴い不安な気持ちに襲われ、暗く悲しい表情になる人もいます。人と会う機会が減り、話したり笑ったりする機会が減ると、自然と口角が下がり、ますます暗い表情になっていきます。前頭側頭型《ぜんとうそくとうがた》認知症や、血管性認知症の場合は、感情のコントロールができず、**急に泣き出したり、怒りっぽくなる**こともあり、険しい表情が目立ちます。

② 幸せそうにニコニコ

①とは反対に、その時々の状況にそぐわないほど、幸せそうな表情をしている認知症の人もいます。このような非常に強い幸福感や満足感のことを、「多幸感」といいます。幸せそうに見えても、**実は困った状況**を抱えていることがあります。笑顔の裏側にある、本当の気持ちを見逃さないことが大切です。

③ 無表情

認知症になると、身の回りのことへの興味や関心が薄れ、何もしないでボーッとしているように見えることがあります。このような**意欲の低下**が、無表情として現れてきます。またレビー小体型《しょうたいがた》認知症には、パーキンソン症状と呼ばれる、筋肉のこわばりが見られることがあります。そのため、まばたきが少ない、一点を見つめているなど、顔の動きや表情が乏しくなりがちです。

★まとめ

認知症になる原因と症状はさまざまです。心理的な面から表情が変わることがあります。それまでの表情と明らかに変わっていたら、認知症の兆候かもしれません。**認知症の人と話すときには、「表情」に隠された、本当の気持ちを感じ取ることが大切です。**

認知症になると顔に現れる
【認知症の特徴的な表情3選】
どんな表情だろう…？
・暗く悲しそう
記憶力や判断力の低下で、不安な気持ちが強くなってきた…
なんだかイライラする…急に悲しい…
イライラ
ワカラナイ
フアン
ハンダン デキナイ
シンパイ
ガミ ガミ
おばあちゃん！さっきご飯食べたばっかりよ！
そうだっけ？
にこ にこ
・幸せそうにニコニコ
常にニコニコしているけど、本当は困っているときも…
・無表情
パーキンソン病による、筋肉のこわばりで表情が乏しいこともあります
・・・・
何もしたくない…（意欲低下）

小刻み歩行・止まれない【認知症の歩き方・特徴3選】

外を歩く、多くの高齢者の姿を見ると、いくつかの特徴的な歩き方に気づきませんか。

そんな高齢者の〝**ちょっと不自然な動き**〟の中に、認知症の特徴がひそんでいます。

そこで認知症の人の特徴的な歩き方をご紹介します。

① 歩く速度がだんだん遅くなる

高齢者は加齢による筋力の衰えによって、歩く速度が低下することがあります。

しかしそれ以外にも、認知症に特有の理由で歩くスピードが遅くなることもあるのです。人は歩くときに、いろいろなことを考えていますよね。

- 目的地に向かって道を選ぶ
- 車や、すれ違う人とぶつからないように、注意して歩く
- 到着時間を予測して、歩く速度を調整する

などなど、たくさんのことを瞬時に判断しながら歩いています。

認知症になると、これらの判断に時間がかかるようになります。「**考えては歩き、考えては歩き**」ということを繰り返していると、どうしても歩く速度が遅くなってしまいます。

お助けアドバイス

無理に早く歩かせるような声かけや手を引くなどの補助は、転倒などの危険があります。「本人のペースに合わせた速度」が安全に歩行するために必要なポイントです。行き先を忘れてしまっている様子であれば、介助者は「○○へ向かっているんでしたね」と声をかけ、本人が**目的を思い出せるように言葉で援助**しましょう。

② 小刻み歩行、急に早く進む

「レビー小体型認知症」の人には、「パーキンソン症状」による歩行障害が現れることがあります。具体的な例としては、

- 歩幅が2、3センチくらい、極端に狭い
- 最初の一歩が出にくい
- 急に早歩きになり、自分で止まれない

などの不自然な動きがあります。このような歩行状態になると、**つまずいて転倒しやすくなります。**反射的に手をつくなどの、危険を回避する能力も低下しているため、十分に注意して歩かないと、骨折など大怪我をするおそれがあります。

お助けアドバイス

実は歩いている途中よりも、歩きはじめの一歩目が転倒やつまずきのリスクが高いので、介助者は意識して見守りましょう。

そのほかにも、歩きはじめの一歩がなかなか出ない人には、腰のあたりにそっと手を当てて、**ほんの少しだけ前へ力を加えて**歩きはじめをサポートする方法があります。

本人に合わせた介助方法を探してみてくださいね。

③ 急に止まる

認知症になると注意力が散漫になり、道沿いの**さまざまな眺めに気が散る**人もいます。注意を引く看板があると、急に立ち止まって、大きな声で看板の文字を読みはじめるのは、わたしも介護現場でよく見たケースです。

また**認知症が進行すると、複数のことを同時に行うのが難しくなります。**

たとえば、歩きながら会話をすることができないので、横の人とおしゃべりをはじめると、ピタッと足を止めてしまう人もいます。

このような症状が続けて起こると、目的地に着くのが、どうしても遅くなってしまいますよね。看板に気を取られて、足元の段差につまずくなどの転倒には注意しましょう。

お助けアドバイス

急に立ち止まったときに起こる危険は、後ろから歩いてきた人との接触や、それによる転倒です。付き添う人は、周りの人や物への十分な注意が必要です。

★まとめ

ここまで認知症の人の特徴的な歩き方をご紹介しました。ふだん何気なく行っている「歩く」という行為の中にも、たくさんの脳の働きがあることに気づきますね。

加齢による筋力の衰えに加えて、認知症の症状による特徴的な動きを知っておくことで、転倒などの事故を未然に防ぐことができます。

危険があるからといって、引きこもりにならないようにすることも大事です。万全の対策を行ったうえで、楽しい外出の機会を増やしていきましょう。

小刻み歩行・止まれない【認知症の歩き方・特徴3選】
・歩く速度がだんだん遅くなる
「考えながら歩く」ことがだんだん難しくなってきます
スタ
スタ
キョロ
キョロ
だんだん
遅くなる
・小刻み歩行、急に早く進む
レビー小体型認知症による「パーキンソン症状」が原因で起こることが多いです
小刻み
歩幅 約2〜3cm
自分で止まれない
急に早くなる
・急に止まる
同時に複数のことが出来なくなり、気になることがあると急に止まってしまいます
ミ・ナ・ミ・美・容・室…
こ・こ・は・南町、三・丁・目…
お・気・軽・に・ど・う・ぞ…
え？なんだって？
ピタッ
あっ!!
転倒注意！

ご飯を食べたのに「食べてない」といわれたらどう答える？

①ご飯を食べたのに「食べてない」という

さっき、ご飯を食べたばっかりなのに、「まだ、食べてないよ」という認知症の方は、よくいらっしゃいます。ちょっと前のことが思い出せない記憶障害の状態になると、つい自分の腹時計で正直に発言してしまうのです。

デイサービスでは、認知症の人同士が仲良しになることもよくあります。

「あんた、ご飯食べたけ？」と、お友達に聞いています。

聞かれたお友達もまた、「まだ、食べてないわ」と、自分の腹時計に正直に答えてしまいます。二人とも、**2時間前には、「お腹いっぱい。ごちそうさま！」と、いっていた**のに……。わたしはその後の会話の進展を、耳をダンボにして聞いています。

声が大きくなって周囲の迷惑になるほど、話がエスカレートしない限り、黙って見守ります。

昼食は食べ終わっています⇒

しかし「いざ介入」というときに、的確な対応ができるように、二人の会話の内容は注意深く聞いています。

そのうち、二人の思いが高まって……。「ここは、ご飯も出ないのか！」と、ついに怒りモードになってしまいました。

さぁ、こんなとき、どう答えたらいいでしょうか？

お助けアイデア

相手の気持ちを否定しない

「さっき、食べましたよ」といえば、「食べてない！」と必ずいわれます。

食べていないと確信しているから、怒っているのです。

またわたしが、「さっき、食べましたよ」

といってしまえば、それがたとえ事実であっても、「食べてない」という相手の気持ちを、頭ごなしに否定してしまうことになります。そこで、相手の思いを否定せずに、**気持ちを違う方向に向けられるように声かけを工夫**します。「何が食べたいですか」「確認してきますね」「もうちょっとかかるようなので、お散歩でも行ってきますか」「さっきのじゃ足りませんでしたね」「もう少し準備に時間がかかるのでお茶をどうぞ」などと、いったんは相手の気持ちを受け入れる対応を心がけましょう。

少し時間をおいてから、「今から買い物へ行きましょうか」「お風呂わきましたよ」など と、違う話題で気持ちを切り替えるのも良いでしょう。

こんなふうに話しかけているうちに、気持ちが落ち着いてくることもあります。

◎大切ポイント　思いに寄り添うこと

事実はどうであれ、あくまで相手の発言を否定せず、相手の「思い」に寄り添うことが、解決につながります。単にクレームをいいたいわけではなく、若い職員たちを育てるために、あえて苦言を呈してくださる方もいらっしゃいます。それでも、事実でないことで怒られると、どうしても腹を立てたくなります。しかし**「失われた記憶」が発言の背景にある**ことを理解し、**人生の先輩へのリスペクト**を常に忘れずにいたいものです。

アルツハイマー型認知症に現れやすい【食生活の変化４選】

前項に続き、食事や食生活について、さらに専門的な観点から掘り下げていきます。

アルツハイマー型認知症に現れやすい食生活の変化に、以下の４つがあげられます。

① 食べたことを忘れる

前項でもお伝えした、「ついさっき食べたばかりなのに、もう忘れている！」。

こちらは「**記憶障害**」のあるアルツハイマー型認知症の人に多い症状です。

「食べたことは覚えているけど、何を食べたか思い出せない」

これなら、誰にでもある自然なもの忘れです。

しかし、**食べたこと自体をすっかり忘れていたら、認知症の可能性**があります。

② 食べ物を認識できない

認知症になると、食卓に並んでいるものが食べ物だと認識できなくなることがあります。これは、視力に問題がないのに、見たものが何か認識できない「失認《しつにん》」といわれる症状です。

③ スムーズに食べられない

認知症では、箸やスプーンで食べ物を口に運ぶ動きが、ぎこちなくなることがあります。さらに食べ物を口元へ運んでも、なかなか口が開けられないこともあります。

これらは「失行《しっこう》」と呼ばれる症状です。運動能力に支障がないのに、一連の動作ができなくなる状態のことです。でも今は、握りやすいスプーンや箸、口に運びやすいコップや皿など、さまざまな介護用品があります。それらの中から、各自の状態に合った器具を選択することで、食べやすくすることができます。

④ 食事に集中できない

食事中にテレビの音や、ほかの人のおしゃべりが気になって、食事の手が止まってしまうことがあります。

これは、「注意障害」といわれる症状です。

注意散漫でほかの刺激に気をとられやすい状態をいいます。

アルツハイマー型認知症に現れやすい【食生活の変化4選】

失認や注意障害が原因で食事が進まないときには、

「残ってますよ！」

などと叱るよりも、

「美味しそうですね、どんな味付けですか？」

など、**それとなく食事に注意が向くような声かけ**をするのがよいでしょう。

また、気が散る音や景色が目に入らないように、食事の場所を移動することも、落ち着いた食事のために役立ちます。

介護する立場からすると、

「栄養不良にならないように、なんとしても食べてもらわないと」

と思ってしまいがちです。

しかし無理強いすることで、食べること自体が嫌になったり、人間関係が壊れてしまったら元も子もありません。

ご紹介した、食べられない原因を頭に入れておくことで、その人に合った工夫を考えられると思います。

そして旬の美味しい食べ物を、みんなで楽しく食べられたらいいですね。

「レビー小体型認知症」と「前頭側頭型認知症」における食べ方の変化

次に、「レビー小体型《しょうたいがた》認知症」と「前頭側頭型《ぜんとうそくとうがた》認知症」における食べ方の変化についてご紹介していきましょう。

① 虫が見えて食べられない

レビー小体型認知症の特徴に「幻視《げんし》」があります。現実にはない物が見える症状です。小さな黒い模様が、虫に見えることがよくあるのです。

- **ご飯の上に虫がいる↓**（ふりかけが虫に見える）
- **食パンが虫に喰われている↓**（いちごジャムの黒い粒が虫に見える）

などというケースがあります。

皿の絵柄が虫に見えることもあるので、紛らわしい模様の食器は使わないほうが無難です。

また、薄暗い場所で幻視が起こりやすいので、食卓の照明は明るくすると良いでしょう。

② 食べ物をうまく口に運べない

スプーンですくった食べ物が、うまく口に入らない。皿がないところを、何度もすくっている。そんな症状があったら、レビー小体型認知症の「**視空間認知障害**《しくうかん》」かもしれません。この場合、視力の低下はないのに物が認識できなかったり、物との距離がつかみにくいといった症状が起こります。

③ 人のごはんを食べてしまう

こちらは**前頭側頭型認知症**の場合に起こる症状です。この場合、さまざまな場面で衝動を抑えられなくなる「**脱抑制**《だつよくせい》」が起こることがあります。「おいしそう」「もっと食べたい」と思ったら、即座に人の皿にも手が伸びてしまいます。

そのため前頭側頭型認知症には、「過食」や「早食い」が起こりやすいといわれています。これらは**病気の症状である**という理解とともに、急いで食べてのどを詰まらせないような調理の配慮も必要です。

お助けアイデア

前頭側頭型認知症の食事の配慮について

食べ物は本人が見えない場所に保管するようにする。食事では、料理をひと皿にまとめるよりも、小皿に少しずつ分けたほうが少量ずつ食べられるので喉のつまりの予防にもなります。

★まとめ

以上、認知症の食生活の変化についてご紹介しました。

「1．買い物」「2．食事の支度」「3．服薬管理」が認知症の早い段階から低下しやすいといわれています。

この3つができているかどうかも、認知症に気づくポイントとなるでしょう。

ここに挙げた症状以外でも、本人が生活のしづらさを感じたり、周りの人から見て、それまでのその人の行動とは、なんとなく違うなと感じたら、認知症のサインかもしれません。

判断に迷うときは遠慮せず、かかりつけ医や、もの忘れ外来の専門医、地域包括支援センターなどに気軽に相談してみましょう。

規則正しい生活に隠された病気【前頭側頭型認知症の特徴】

毎日必ず同じ時間に起きて、身だしなみを整え、お散歩に出かける高齢の女性がいます。一見、とても規則正しい生活を送る、模範的な高齢者のようです。

しかし彼女の規則正しい行動は、「**前頭側頭型認知症**」の典型的な症状だったのです。同じ行動を繰り返す「**常同行動**」が特徴的な前頭側頭型認知症、これから紹介するのは、実話に基づいたストーリーですが、プライバシー配慮のために、いくつかの創作を加えています。

散歩が好きなおばあちゃん

近所に、元気なおばあちゃんがいました。年齢は80歳くらいです。毎日10時ちょうどに、家を出かけます。

近所の人が、おばあちゃんの姿を時計代わりにするくらい、毎日正確なお出かけの時間です。毎日同じ時間に家を出て、公園を通って、スーパーによってから、家に帰ります。

規則正しい生活に隠された病気
【前頭側頭型認知症の特徴】
近所の80歳くらいのおばあちゃん
毎日同じ時間、同じ場所、同じルートで出かけています
実はこのおばあちゃん、
持っている物も毎日同じなんです！
お茶
最近は認知症が進んでいるようですが、近所の人たちと温かく見守っています
※夏にはガングロになっちゃいます

毎日同じなのは、時間だけではありません。

肩から下げた袋には、必ずお茶とバナナが入っていました。

もともと10時のお出かけは、スーパーにお茶とバナナを買いに行くためだったのです。

しかし最近は、お金の計算や、自分で財布からお金を出すことも難しくなってきました。そこで、家族がお茶とバナナを家から持たせて、前と同じコースを一人で散歩しているそうです。近所の人も皆「○○さん家のおばあちゃんね」と、温かく見守っています。

① 常同行動

最近は温暖化のせいか、一年中日差しの強い日が増えました。

普通なら、あまりにも暑い日や、風雨の日は散歩を休んでもよさそうですが、おばあちゃんの散歩に休みはありません。状況に応じて臨機応変に行動を変えることができないのが、前頭側頭型認知症の常同行動の特徴です。

おばあちゃんは、雨の日も雪の日も、どんなに猛烈な日差しの日にも、散歩を欠かしたことがありません。数年前までは色白だったおばあちゃんが、なんと最近はガングロになってしまいました。

② 脱抑制

前頭側頭型認知症には、**「脱抑制」**という特徴もあります。

さきほどもお話しした「脱抑制」とは、周囲への迷惑を顧みず、わが道をいく行動のことをいいます。おばあちゃんの散歩は、はじめは近所の人にも好意的に見られていました。しかし、そのうちに道端で排尿をしたり、スーパーでお金を払わずに商品を持ち帰るようなことが起こりはじめました。

これらは、前頭側頭型認知症によくある「脱抑制」の症状だと考えられます。

③ 運動障害

そのほかにも、前頭側頭型認知症が進行すると、平衡感覚の消失や運動障害が見られることもあります。転倒による事故には、十分に注意をしなければなりません。

おばあちゃんも散歩の途中で、ふらふらと道の真ん中を歩いて、車にひかれそうになったことが何度もあるそうです。

★まとめ

若々しく日焼けして、規則正しい生活を送るおばあちゃん。

健康なお年寄りだと思われていたおばあちゃんに隠された、「前頭側頭型認知症」についてご紹介しました。

一日に一回は太陽の光を浴びて、外の空気を吸うことは、健康づくりのために大切なことです。

しかし、天候や自分の体調を考慮して、回数を増減することができなくなるのも、認知症の症状です。

外出に適さない天候の日や、体調が優れない日にも、家でできることを見つけておきましょう。

家の中で楽しめることを見つけて、それもルーティーンワークにできたらいいですね。

4大認知症とは？

ここで4大認知症について整理しますね。

【4大認知症】とは、アルツハイマー型認知症、レビー小体型認知症、血管性認知症、前頭側頭型認知症の4つをいいます。

アルツハイマー型認知症

認知症の中で最も多いのが、アルツハイマー型認知症です。

もの忘れなどの「記憶障害」と、日時や季節、自分のいる場所などがわからなくなる「見当識障害」が特徴です。

昨日の朝食の献立を覚えていないのは、正常なもの忘れですが、認知症の場合は、朝食を食べたこと自体をすっぽりと忘れてしまうのが特徴です。

レビー小体型認知症

レビー小体型認知症の一番大きな特徴は「幻視」です。

「（誰もいないはずの場所に）人が立っている」「虫が体にたくさんついている」など、実際にはない物が現実のように見える「幻視」の症状が顕著に現れます。

症状が進行すると、体の動きが遅くなったり、こわばったり、表情が乏しくなるなどの「パーキンソン症状」が出て、日常生活動作やコミュニケーションが難しくなります。

さらに、就寝時に突然叫んだり、大きな声を出すなどの睡眠障害もしばしば見られます。

血管性認知症

血管性認知症は、脳の血管障害によって起こる認知症です。

急に怒り出したり、大泣きしたりするなどの「感情失禁」が見られます。

脳の損傷部位によっては言葉がうまく出なくなったり、自然とできていた身の回りのことが、できなくなるのも特徴です。

朝はできていたことが、夜には急にできなくなるなど、症状の出方がまだらなことから、「まだら認知症」ともいわれています。

前頭側頭型認知症

前頭側頭型認知症には、「もの忘れ」はあまり見られず、性格が変わったり、異常行動が多く現れることが特徴です。

身だしなみや礼儀などに関心がなくなり、自己本位的（我が道をいく）行動が目立つようになります。

同じ時間に同じ行為を行う、時刻表的生活が見られます。

目の前にある物への欲求が抑えられなくなる「脱抑制」により、万引きや無銭飲食などの「反社会的行動」が起こり、トラブルになることもあります。

以上が「4大認知症」の特徴でした。

あなた自身や、ご家族に思い当たることがあれば、かかりつけ医または、「もの忘れ外来」などの医療機関の受診をおすすめします。

4大認知症とは？

・アルツハイマー型認知症

認知症の中で最も多く、
もの忘れや、
日時・場所・季節などが
わからなくなるのが
特徴です

・レビー小体型認知症

実際にはないものが見える
「幻視」が起きやすい
ことが特徴です

・血管性認知症

急に怒ったり、
泣いたり、
「感情失禁」が
起こりやすいです
言葉が出にくく
なったりすることも

・前頭側頭型認知症

身だしなみや礼儀に関心が
なくなりやすい、
目の前のものへの
欲求が抑えられなくなる、
などの症状が現れます

「涙の再会」は何回も！　何度でも続く？　デイサービスでの出来事

第2章

認知症の人との接し方

ラクな気持ちで上手に付き合えるコツ

すぐに怒り出す、キレやすい人の対応法【認知症とカスハラ】

先日、仕事帰りにスーパーに行ったときのことです。

レジに並ぶと、前の方で大きな声で怒鳴っているお年寄りがいました。

店員さんが一生懸命になだめていましたが、怒りは収まらず徐々にエスカレートしていくようでした。

最近、介護現場以外でも、このような「**キレる老人**」の姿を見かけるようになりました。

カスハラ（カスタマーハラスメント）と呼ばれるものです。

わたしたち介護福祉士は慣れていますが、一般の人でも、認知症の人に特有の怒りの原因や対応法など、いくつかの知識があるだけでトラブルを最小限にとどめることができます。

怒りの原因はさまざまですが、その根本にある2つの要素を知ることで、対応しやすくなります。

一人暮らしのAさんは、ささいなことでヘルパーに激昂し、

「そんなこともしてくれないの！」

「あなたはクビよ！」

などとキツイいい方をすることがあります。

たいていそんなときは、**部屋の温度が高い**のだとヘルパーは知っています。

エアコンをつけて室温を下げ、冷たい飲み物を出してそっと見守ると、そのうちふだんの優しい表情に戻ります。

Aさんは、自分の不快感をうまく人に伝えられないだけなんですよね。

また以下の理由も考えられます。

理由① 体調不良

何らかの不調を感じているのに、それが何なのか自分でもわからない。

具体的に、人に伝えることができない。

そんなときに、意味のわからない怒りで示されることがあります。

お助けアドバイス

介護現場でよく行う対応は、不穏な人には、**まずトイレをすすめてみる**ことです。

排尿・排便ができると、気持ちもスッキリすることはよくあります。

また、下痢や便秘など、不快な気持ちの原因がわかることもあります。

理由②　脱抑制

何度か出てきましたが、脱抑制は脳（前頭葉）の萎縮により、衝動や感情を抑えられない状態でもあります。

人への配慮や礼儀が失われ、万引きなどの反社会的行為をためらいなく行うこともあります。

この非常識な行為は病気の症状であり、**決して本人の悪意ではない**ことを知っておきましょう。

お助けアドバイス

暴言や暴力がある興奮状態のときは、無理に話そうとせず、落ち着くまで待つことも必要です。

非常識な態度をとがめたり、怒りの原因を追求したりすることは、その場の状況をさらに悪化させることがあります。

本人も、どうして自分が怒っているのか、わからなくなっていることもあります。

まずは、不安を和らげることを第一に考えてみましょう。

プラスαアドバイス

1▼否定しない

態度や言葉を**頭ごなしに否定しない**ようにしましょう。

人を傷つける「怒る行為」自体には共感できなくても、そのやるせない気持ちを理解し、寄り添うことはできるはずです。

2▼自尊心を傷つけない

「なんで怒っているの、迷惑だよ」

そんな一言は、怒りをさらにエスカレートさせます。

怒りという形でしか、自分の思いを表現できなくなっていることを理解しましょう。

誰でも、子や孫のような年代の人に、上から目線でいわれたら嫌な気持ちになります。たとえその人の行為が不適切で、非難されるようなことであっても、**その人自身の尊厳は傷つけられるべきではありません。**

自尊心を傷つけないように話すことで、きっと事態は良い方向に向かうと思いますよ。

3▼孤立させない

怒りは人を遠ざけます。たとえその原因が病気だとわかっても、距離を置く人は増えていくでしょう。

しかし社会からの孤立は、認知症をさらに進行させる原因になります。すぐに怒る人だからといって、つまはじきにされるような社会は、持続可能な共生社会とはいえません。

全50作にも及ぶ人気映画シリーズ、『男はつらいよ』の主人公「寅さん」も、怒りっぽい人です。

彼の家族や、近所の人たちは、ときには怒鳴り合いケンカをしながらも、たまに帰ってくる寅さんを、いつもやさしく迎えます。

わたしたちも、そんな温かな社会の一員でありたいと思います。

【認知症とカスハラ】
すぐに怒り出す、キレやすい人の対応法
最近、お店などでも
大声で怒鳴っているお年寄りに
出会うことがあります
フン!!
感情や衝動を
抑えられない「脱抑制」の
症状の場合があります
実は体調不良
ということもあります
フン!!
実は
体調不良
・否定しない
・自尊心を傷つけない
・孤立させない
これらを大切にしながら
対応しましょう
どうしたの?
・・・

どう対応する？【物をため込む・収集癖】

タイトルにもあるように、物をため込んだり、収集癖がある場合はどうしたらよいのか。

ここからは不要な物をため込むようになったCさんのケースについてお話しします。

（わたしが体験した、いくつかの実話に基づくフィクションです）

調理ゴミをしまい込むCさん

80歳代後半のCさんのご自宅へ、わたしはホームペルパーとして週に2回訪問していました。


部屋の掃除、買い物の同行と調理の手伝いなどが、わたしの仕事の内容です。

Cさんは簡単な調理は自分でできましたが、ゴミを適切に捨てることができなくなってきました。


訪問するたびに、調理後のゴミがキッチンの戸棚に詰め込まれていました。

ホームヘルパーとして、Cさんのお宅へ訪問していたときのこと…
キッチンを片付けようかな…
ん？
ゴソゴソ
キッチンを見ると…
インスタントや弁当の空き容器
うどん
弁当
使用済みサランラップ
汚れたトレー
食パンの袋の留め具
汚れたままのプラスチック容器とかたくさんしまってある…！
衛生的にも良くないし、片付けようかな…
それ、捨てるの？
とっておきます
もう使いませんよ
また
使います！
カッ
ど・・・
どうしよう…
不要品に見えても、Cさんにとっては大切なものだったのかもしれません
こうしたCさんとのやりとりが、何度となく続くのでした…

ある日、わたしが調理のお手伝いをしていたときのことです。

わたしが使用済みの空のプラ容器を捨てようとすると、Cさんから声がかかりました。

「それ、捨てるの？　とっておきます」

「もう使いませんよ」

「また使います」（ちょっと口調強め）

「保存容器なら戸棚にたくさんあるので、なくても大丈夫ですよ」

「わたしの家だから構わないで！　ここに置いておきます！（怒）」

Cさんが激しく怒ってしまったので、その日は戸棚をそのままにして帰ることにしました。次の訪問日に、戸棚の中を見てみると……。

先日のプラ容器が、そのままありました。

使われた形跡はありませんでした。

数日後。

「全然変わってない……むしろ増えてる……」

さらに、洗っていない使用済みの使い捨て容器などが、いくつも増えていました。

汚れた容器は衛生的に良くないと判断し、Cさんが見ていない間に、さりげなく処分しました。

Cさんが、なくなった容器を探し出すのでは……。

と心配しましたが、まったく気にしている様子はありませんでした。

あれだけ強く「捨てないで！」とこだわったプラ容器のことも、すっかり忘れているようでした。

そんなCさんの様子に、わたしは、

「なんだか以前と違うな……」と感じたのでした。

なぜCさんはこのようになってしまったのでしょう。

理由①　判断力・理解力の低下

認知症の初期症状に「判断力・理解力の低下」があります。

Cさんは、わたしがヘルパーとして通いはじめた頃は、ゴミをため込むことはありませんでした。その後、ある時期から、捨てる物と保存する物を、適切に区別することができなくなったようです。

理由②　記憶力の低下

一般的に、認知症に気づくきっかけになることが多いのは「記憶力の低下」です。

Cさんは、ヘルパーと言い争いをしてまで、使用済みのプラ容器を捨てることを拒みました。

しかし、そのプラ容器を自分で戸棚にしまったことを忘れ、その後使うこともありませんでした。

自分で戸棚を開けたときに、

「こんなのいつ入れたかな？」

と話すこともありました。

ヘルパーがプラ容器を処分しても、まったく気にすることがなかったのは、自分がしまったことを忘れていたのだと思われます。

もともと、どんな物も大切に使っていたCさん。

そんなCさんだからこそ、

「まだ使えそうだから、今度また使おう」

という気持ちが、認知症の進行とともに極端に強くなったのでしょう。

今回のケースでは衛生的に問題のある物は、わたしが処分しました。

それと同時に、Cさんの**「物を大切にする」気持ちは否定しない**ようにしました。

お助けアドバイス

1▼戸棚を一緒に整理整頓

戸棚を定期的に一緒に整頓したり、間仕切りや箱を用意して、自分で整理しやすくするのもおすすめです。

孤独や不安から、収集癖の症状が現れることもあります。

物をため込むことを頭から否定せず、その気持ちに寄り添うことも大切です。

周りに理解者がいることで、認知症になっても穏やかな日々を過ごすお年寄りを、わたしは何人も見てきました。

2▼行為を否定しない。努力を認める

人からは収集癖だと思われる行為も、本人にとっては「必要な物を備えているだけ」であることも。

それを、

「どうしていらない物ばかり集めるの！」

なんていわれたら嫌な気持ちになるし、絶対手放すもんか!!　と、頑なになってしまう

かもしれません。まずは、

「素敵な物を集めてますすね」

など、行為を否定せず安心感を与える対応を考えましょう。

3▼使い捨てのプラスチック容器は買わない

お総菜などが入ったプラスチック容器を収集してしまう場合は、購入時にプラスチック容器ではなく**袋に入った商品を選ぶ**ようにしましょう。

プラスチック容器で購入した場合も、冷蔵庫にそのまま入れるのではなく、ほかの保存容器に入れ替えてから冷蔵庫へしまってください。

捨てたはずの容器をゴミ箱から出してくることもありますので、本人が普段使用しないゴミ箱へ入れるなど、本人の目に触れないように配慮しましょう。

認知症の人が心穏やかになる対応法3選

わたしは介護の仕事を通して、たくさんの認知症の方と交流してきました。

認知症といっても、決してひとくくりにはできません。

原因となる疾患や、その人のおかれた環境によって、さまざまな症状が現れます。

そのため、認知症介護には一人ひとりに合わせた、きめ細かな対応が必要です。

しかし、介護者に共通した心得もあります。


そこで、**わたしが認知症ケアで大切にしてきた、3つの「ない」**をご紹介します。

この3つを頭に置くことで、認知症の人との**心穏やかなコミュニケーション**のきっかけをつかめると思いますよ。

ぜひ最後まで読んで、参考にしていただければ幸いです。

① 驚かせない

「今日は、何月何日……？」

「今、自分はどこにいて、これから何をしたらいいの……？」

これまでお伝えしてきたように、認知症では、時間や場所や人の認識が難しくなる**「見当識障害」**が現れることがあります。

そのため、**不安で動き回ったり、気持ちが荒れる**こともあります。

家族やヘルパーが、親切に声をかけてくれても、

「知らない人から、いきなり意味のわからないことをいわれて驚いた」

などと感じて、余計に気分を害してしまうこともあります。

お助けアドバイス

認知症の人が、何かを探してごそごそしだすと、

「何してるんだろう？」

と気になりますね。

そんなとき、すぐに声をかけたくなります。

しかし、差し迫った危険がない限り、まずはその人の行動を見守りましょう。

相手は、子どもではありません。

さりげなく気づいてもらう気配りも必要です。

そして忘れてならないことは、**相手の表情を見ながら話す**ことです。

後ろから声をかけるのはやめましょう。

声だけでなく、**口の動き**や、**表情**も相手の言葉を読み取るために必要な要素です。

お互いの顔が見える場所で、優しい表情と口調を心がけて声をかけましょう。

そうすることで認知症の人を驚かせずに、会話の糸口をつかむことができますよ。

②急がせない

わたしが、老人デイサービスセンターで働いていたときのことです。

朝、お年寄りの自宅へ迎えに行くと、まだ準備ができていないことがよくありました。

忘れ物がないか確認。火の元ＯＫ。戸締りＯＫ。

さあ出発！と思ったら、

「メガネ持ったかな？　電気は消したかな？　窓閉めたかな？　電気消したかな？……」

最初から同じことの繰り返しです。

これでは、思わず「早くしてください！」といいそうになりますね。

しかし、認知症の人を急がせることは逆効果です。

早く終わるどころか、ますます混乱してしまいます。

お助けアドバイス

記憶が衰えた認知症の人は、複数のことを一度に覚えるのが苦手です。**1つひとつ、一緒に確認**していきましょう。

本人が覚えられなくても、「あなたが見てくれたのなら大丈夫ね」といってもらえる**信頼感**も大事です。

「急がば回れ」

急かさず、穏やかな対応が近道です。**安心して出発できる気持ち**になっていただくことが肝心なのです。

③ 自尊心を傷つけない

認知症の記憶障害が進むと、ついさっき食事をしたことも、お風呂に入ったことも忘れてしまいます。

「ご飯食べてない」「お風呂入ってない」

毎回そういわれる、家族の気持ちは複雑です。

何度答えても、わかってもらえないと、イライラが募ります。

「さっきもいったでしょ！」「何度いえばわかるの？」

相手の心を傷つけてしまいます。

前にもお話ししましたが、そういった言葉が相手の心を傷つけてしまいます。

お助けアドバイス

衝突しそうだと思ったら、一度その場を離れて、気持ちを落ち着けましょう。

認知症の人も時間が経つと、ほかのことに関心が移って、ご飯やお風呂のことは忘れてしまうことも多いものです。

時間が解決してくれることもあります。

相手を傷つける言葉は、その場の憂さ晴らしにはなりますが、長い目で見れば、いいことは1つもありません。

「自分がいわれて嫌なことは、相手にもいわない」

「自分がしてほしいことを、相手にもする」

冷静にそう考えられるまで、クールダウンしましょう。

★まとめ

認知症の人は、出来事は覚えられなくても、そのときに感じた気持ちは残るといわれています。

「嫌な気持ち」は人を遠ざけ、「楽しい気持ち」は信頼を生みます。

「この人といたら、楽しいことがある」

もの忘れがある認知症の人にも、そう覚えてもらうことはできます。

気持ちにアプローチすることが、認知症の人とのコミュニケーションの基本だといえるでしょう。

認知症介護で困ったときは、今日紹介した3つの「ない」を思い出してみてくださいね。

認知症の人が
心穏やかに過ごすには？
対応法3選！
・驚かせない
様子を見つつ、表情を
見ながら対応しましょう
視界に入ってから
声をかけると○
・急がせない
穏やかに、1つひとつ
一緒に確認するのが大切です
・自尊心を
傷つけない
認知症で、出来事は忘れて
しまっても、嫌だという
気持ちは残るそうです
相手を傷つけず、思いやりを
大切にしましょう

認知症【ものとられ妄想】「あんた盗ったやろ」といわれたら？

認知症の人のちょっと深刻な「ものとられ妄想」。これは家族にとっても深刻なものになりかねません。

むなしくなるのは当然

認知症の人が、自分が大事にしている物を、どこにしまったのかわからなくなると、誰かが盗ったんだと思い込むことがあります。

その矛先は、だいたい身近な家族ですから、家庭内で、ひと騒動が起こります。無実の罪を着せられる家族にとっては、とんでもない話です。

なぜか、ものとられ妄想のターゲットになるのは、認知症の人が日頃一番お世話になっている家族やヘルパーなのです。

本来は感謝すべき人に対して、疑いの目を向けてしまうのが、認知症の症状です。

介護をする立場から正直にいえば、

「何のために、この人の介護をしてきたのか」と、むなしい気持ちにもなります。

しかし、疑いの目が大切な人に向くのは、認知症の症状であることを覚えておきましょう。

お助けアドバイス

1▼一緒に探してみましょう

「あんた盗ったやろ」

あなたが、もしそういわれたとき……。

気持ちと時間に余裕があれば、ぜひ、5分ほど（無理なら2、3分でも）一緒に探してみてください。

一緒に探しているうちに、違うことが気になって、探していることも、なくしたこと自体も忘れてしまうかもしれません。

そして何より、1つの目的に向かって一緒に作業することで、**連帯感や安心感が生まれます。**

認知症【ものとられ妄想】 あんた盗ったやろ、と疑われたら…どうする？

探しているうちに、
何を探しているか
忘れることとも！
カバンから、
無くしてた
メガネが…
…

「わたしはあなたの敵ではなく、味方です」言葉だけでなく、行動を通して、そう感じてもらいましょう。

2▼自分で見つけるお手伝い

もしあなたが、なくなった物を見つけても、**あえて「ここにあったよ！」といわない**のがおすすめです。

第一発見者のあなたが「あんた、本当は持ってたんやろ」と疑われるかもしれません。

「タンスの中かな？　ちょっと見てみようかな？」

なんてブツブツいいながら、そこを探してもらうように声をかけてみましょう。

自分で発見できた達成感も、味わってもらえたらいいのかなと思います。

3▼定位置を決める

大事な物は、必ず決まった場所にしまうように、定位置を決めるのもおすすめです。なくしやすい物は、必ず定位置に置くことを習慣付けるように、根気よく声をかけていきましょう。

物を減らしてシンプルな生活を

探し物をしていると、普段ほとんど使わない物が、たくさんあることにも気づきます。

そもそも、物が少なければ、探す時間も少なくて済みます。

大事な物の定位置を決めておくのもおすすめ！

普段使うバッグを
1つに！
財布はいつもその中に
使いやすく、
なじみのある
引き出しに

なかなか捨てられない物もあるでしょうが、その思い出を聞きながら、処分できる物から、徐々に減らしていくことも必要ですね。

わたし自身も、将来子どもたちに大変な思いをさせないように、物を減らしてシンプルな生活をしたいと思っています。

排泄の促し方

認知症の人は、排泄に関して家族を悩ませる行動を取ってしまうことがあります。たとえば、

「頻繁にトイレに行きたがり、長時間トイレを独占してしまう」
「頑なにトイレへ行こうとせず、立ち上がった瞬間、間に合わず失禁してしまう」
「トイレの場所がわからず、トイレ以外の場所で排泄してしまう」

など、さまざまなトラブル例があります。

排泄に関する困りごとは、介護する家族の負担も大きいのですが、本人の精神的なダメージも大きいのです。今回は、トイレへ行きたがらない人に、どのような促し方をしたらいいのか、そのポイントを3つご紹介します。

① どうしてトイレに行きたくないのか原因を探る

認知症の症状により、トイレ拒否を起こす原因はさまざまです。

たとえば見当識障害の場合は、

「トイレの場所がわからない」

「トイレに入っても、ここが何をする場所なのかがわからない」

といった症状がでます。

記憶障害の場合は、トイレに行ったのは3時間前なのに、直前に行ったと思い込んでいることもあります。

また、尿意を感じにくくなっている場合もあります。

お助けアドバイス

まずは、どうしてトイレに行きたがらないのか原因を知ることからはじめましょう。

原因がわかることで、対応方法も絞られてきます。

② トイレの場所をわかりやすくする。マイナスイメージを持たない工夫

見当識障害の症状である、トイレの場所がわからなくなる場合。

聞けばわかることだとはいえ、毎回「トイレどこだっけ?」と家族に聞くのは、本人にとっても家族にとっても積み重なるストレスになります。

お助けアドバイス

トイレマークのプレートを扉につけるなど、視覚的にわかりやすくしましょう。家族に頼らずに、場所を間違わずに目的地へ行けることは、本人にとっての自信につながります。

トイレに対する「暗い場所」「臭う」などのマイナスイメージが、トイレ拒否につながることもあります。ふだんから、こまめに換気をしたり花を飾るなど、きれいなトイレを心がけるのも良いですね。

③ 立ち上がったタイミングで声を掛ける

介護の現場では、入浴前・食事前・レクリエーション前などにトイレ誘導することがよくあります。

尿意はなくても「立ったついでに行こうかな」と思われるからです。

また、座っているときには感じにくい尿意も、立ち上がると腹圧がかかり感じやすくなります。**立ち上がったときが、ちょうど「トイレに行きたくなるタイミング」**なのです。

トイレに行きたがらない人への
排泄の促し方
またトイレ!?
排泄に関して、様々なトラブルが起こります
おばあちゃん多分漏らしてるよ
トイレへ行きたがらない方への対応法とは…
どうして行きたがらないのだろう…?
?
プイ
原因を探る
立ち上がったときに声をかける
お風呂前にトイレに行きましょう!
そうやね
トイレ
トイレをわかりやすく、プラスなイメージを

お助けアドバイス

家でも食事の前・入浴前・散歩の前後など、立ち上がって移動するときに声をかけると良いと思います。

具体的な声かけの言葉ですが「トイレへ行く時間だよ！」といった強制的な言葉ではなく、

「トイレは大丈夫？」

「出かける前に行ってきたら？」

など、尊厳を傷つけない、本人の気持ちに寄り添った言葉を心がけましょう。

★まとめ

トイレ誘導を拒否されても「うまくいかない……」と落ち込まず、いろんな声かけを試してみましょう。

時間をおいて再度声をかけたり、ほかの人に声かけを交代してもらうのも1つの方法ですよ。

わたしたちプロの介護職でも、そんなことの繰り返しです。

うまくいかなかった理由を考える中で、**相手を理解するための新しい発見がある**ものですよ。

1年以上入浴拒否するお年寄りに、気持ち良くお風呂に入ってもらった方法

「絶対にお風呂に入らない！」

そういい張るお年寄りが、たまにいらっしゃいます。

ある日デイサービスに、家で1年以上お風呂に入っていないというお年寄りが、ご家族に連れてこられました。

昨日入ったというけれど

職員が声をかけると……ものすごい剣幕で拒否されました。実際には1年以上お風呂に入っていなくても、認知症で記憶が衰えたために、本人は真剣に「昨日入った」と思っていること

があります。

理由　手順がわからない

お風呂に入るために、上着から順番に服を脱ぐという手順がわからなくなって、混乱している場合もあります。

お風呂に入るには、何をしたらいいのか、具体的に、簡潔でわかりやすい声かけをすることで、不安な気持ちが和らぎます。

たとえば、「洗濯するので、靴下を脱いでください」

というふうに、**理由がわかりやすい、具体的な指示**を出してみましょう。

靴下の次は、

「セーターも脱ぎましょう」

と、動作に合わせて、順番に声をかけていきます。

心のこもった、温かく思いやりのある態度も、忘れてはなりませんね。

このような声かけをしたら、1年以上家で入浴を拒否していた方も、デイサービスで気持ちよくお風呂に入っていただくことができましたよ。

1年ぶりのお風呂は、「本当に、いい気持ちやった」と喜んでくださいました。

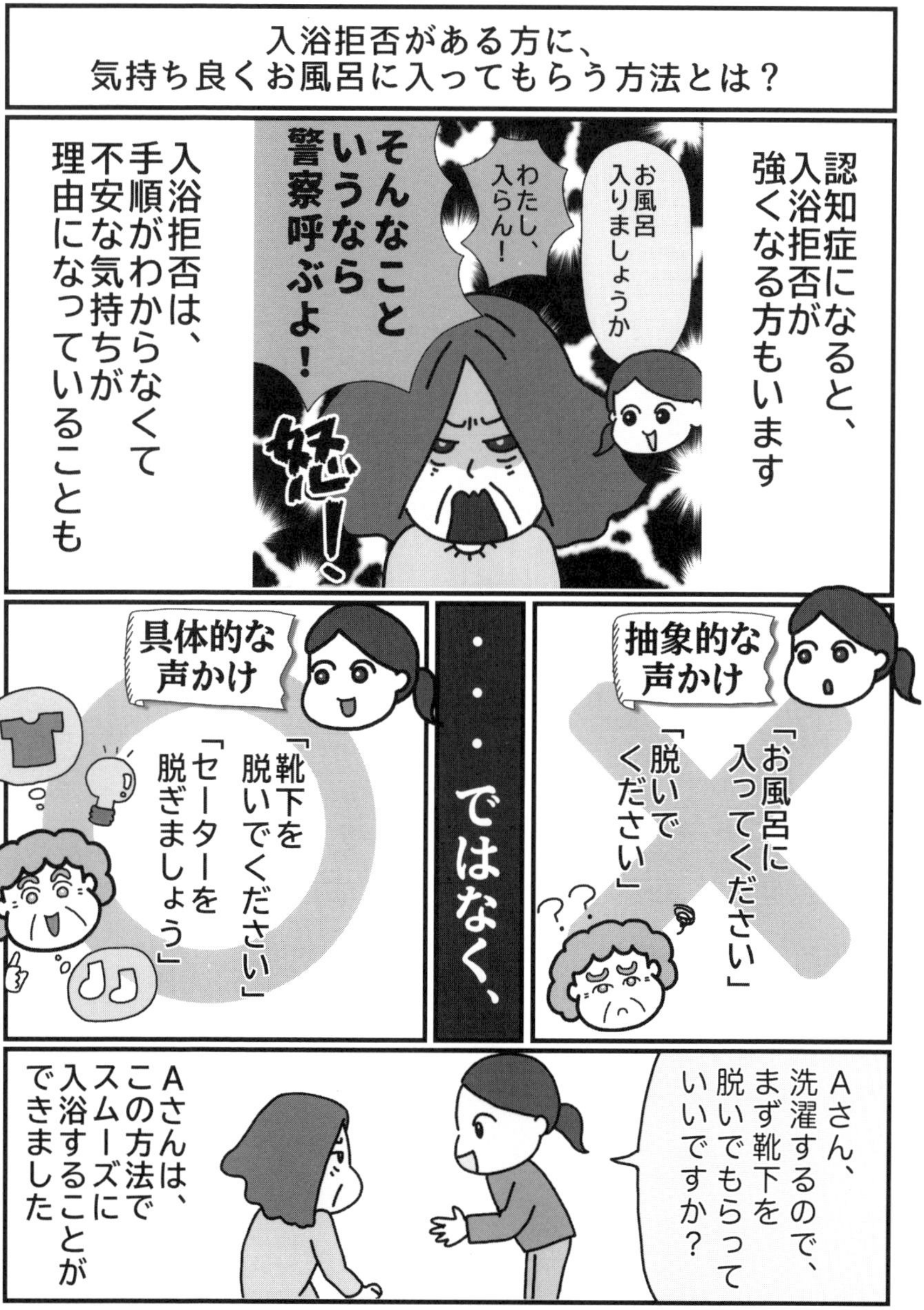
入浴拒否がある方に、
気持ち良くお風呂に入ってもらう方法とは？
認知症になると、入浴拒否が強くなる方もいます
お風呂入りましょうか
わたし、入らん！
そんなこというなら警察呼ぶよ！
怒！
入浴拒否は、手順がわからなくて不安な気持ちが理由になっていることも
抽象的な声かけ
「お風呂に入ってください」
「脱いでください」
？？
・・・ではなく、
具体的な声かけ
「靴下を脱いでください」

「セーターを脱ぎましょう」

Aさん、洗濯するので、まず靴下を脱いでもらっていいですか？

Aさんは、この方法でスムーズに入浴することができました

プラスαアドバイス

それでもうまくいかないときは

それでも、いつも機嫌よく入浴できるわけではありません。ときには、虫のいどころが悪く、カーッと怒ってしまうこともあります。そんなときは、少し時間と距離を取って、様子を見ます。しばらくすると落ち着くことも多いので、様子を見ながら、時間をおいて声をかけてみましょう。

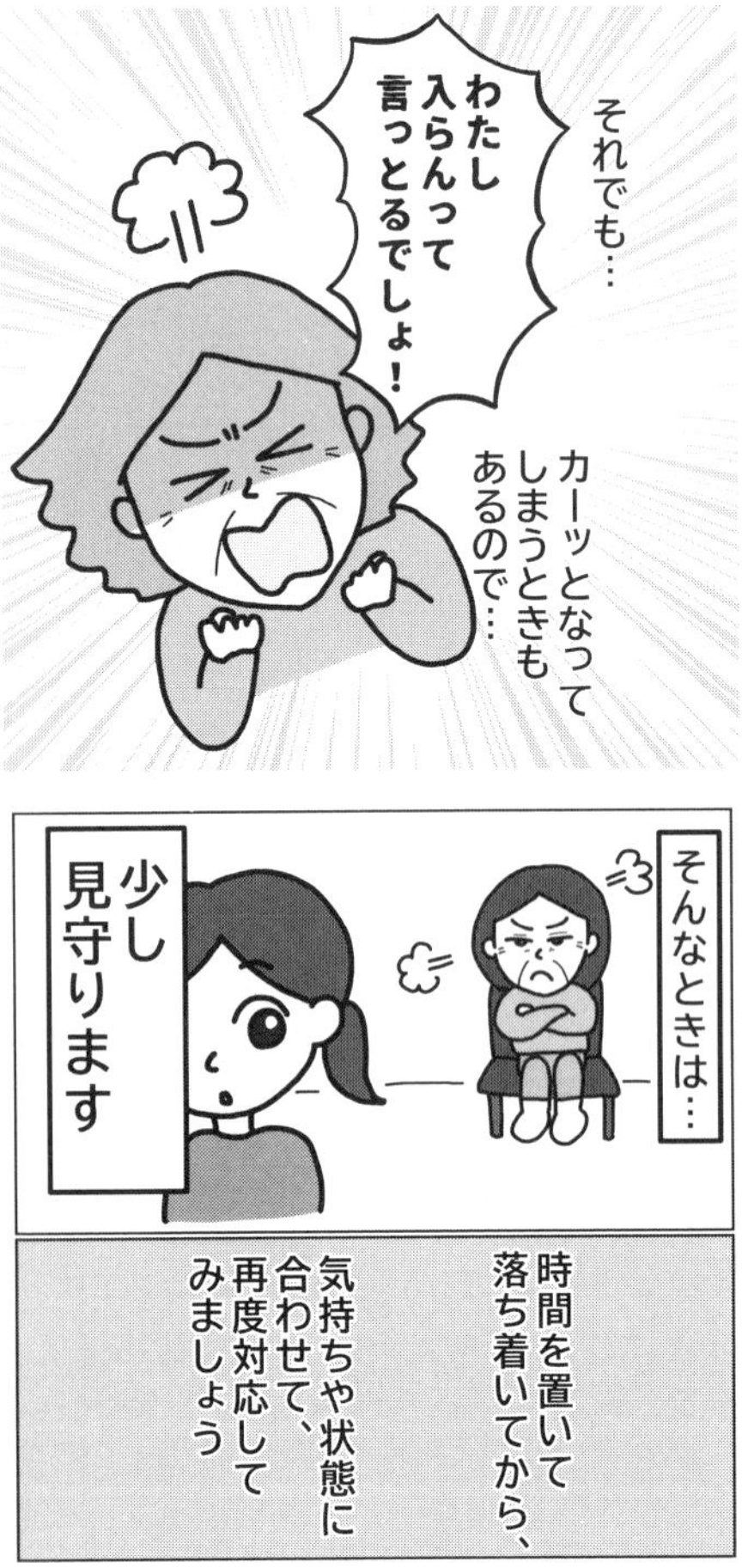

第3章

介護あるある

日常生活でのサポート

介助から
安全な環境づくりまで

認知症に現れやすい【熱中症の危険3選】

年々進む、温暖化のせいでしょうか。

老いも若きも「熱中症対策」は必須ですね。認知症の人には、熱中症に関して気をつけなければならない、いくつかのポイントがあります。

① エアコンが使えない

認知症になると、**機械の操作が難しくなりがち**です。

どのボタンを押せばいいのか、どんな設定にすればよいのか……そもそもリモコンが多すぎて、どれがどのリモコンなのか、わからなくなってしまいます。

そんなことをしているうちにエアコンの適切な温度設定ができず、熱中症になってしまう危険があります。

お助けアドバイス

リモコンにわかりやすく「エアコン」の目印を貼ると良いでしょう。

また、温度計に、

「この温度より高くなったらエアコンをつける」

など、わかりやすい説明を書いた付箋をつけておくと効果的です。

② 衣服の調整が難しい

認知症になると、真夏に冬用のセーターを着て、

「家族もびっくり！」

などということがあります。

これは「見当識障害」の中の季節がわからなくなる症状の1つです。

クーラーの風が当たって、「寒い」と感じると、

「今は冬だ」

と思って、厚手のセーターを着てしまうのです。

認知症に現れやすい【熱中症の危険3選】

お助けアドバイス

衣類は、その季節に着るものだけを、手に取りやすい場所に置きましょう。

夏場は特に、熱がこもりにくい風通しの良い服を選びましょう。

エアコンの風が寒く感じるときに、さっと着られるように、薄手の羽織などを用意しておくといいですね。

③ 水分摂取を忘れやすい

認知症になると、のどの渇きを感じないのに、脱水症状を起こすこともあります。

「ちょっと、のどが渇いたかな」と思っても**動くのが面倒で、そのまま寝転んでいるうちに熱中症になっていた**、な

んてことも起こります。

お助けアドバイス

すぐ手の届く場所に、水筒やペットボトルを置いておきましょう。

高齢者は、飲み物と食事を合わせて、一日約2500mlの水分が必要だといわれています。

飲み物からは、毎日およそ1000〜1500mlの水分を摂るよう心がけましょう。

糖分の摂りすぎなどに注意しながら、好みの味の飲料を用意することも、熱中症対策に役立ちます。

食事からも水分をたくさん摂れるように、汁ものメニューを多めにするとよいでしょう。

飲み込む力が低下した人は、水を飲むとむせることがあります。

そんなときは、あんかけなどでとろみをつけると、水分を摂りやすくなります。

「自分は、まだまだ大丈夫！」

そんな自信のある人ほど、気づかないうちに脱水症状を起こすことが多いようです。

体内の水分量は、子ども70％、成人60％、高齢者50％といわれています。

歳を取るほど、水分の蓄えが少ないことを自覚して、こまめに水分補給をすることが必要です。水分を飲むようにいっても、なかなか量を飲めないことがあります。

そんなときはこまめに声を掛ける、水やお茶ではなく味のついたスポーツドリンクなどをすすめる方法があります。

ほかにも、ほうじ茶に甘味を加えて作る「お茶ゼリー」はお年寄りにも好評です。

水分補給が苦手な人でも、甘味があり、のどごしもいいのでペロッと食べられますよ。

「カギ閉めたかな？」確認癖の強い人の対応法

さきほどコラム②の「認知症の人が心穏やかになる対応法」の中にあった「急がせない」を別の角度からさらにお話ししていきましょう。

デイサービスの朝の仕事

デイサービスでは、利用者の自宅へのお迎えから一日がはじまります。

利用者の朝の様子はさまざまです。

お迎えの車が着く頃には、きちんと準備を済ませて、行儀よく玄関に座っている人もいます。

「早くして～」と、いつも家族に急かされている人もいます。

一人暮らしで、早めに玄関に出たものの、何やら確認に手間取っている人もいます……。

「おはようございます。デイサービスのお迎えです」「ハイハイ、今行くよ」

繰り返される確認

「ガスの元栓閉めたかな？」

「エアコンのスイッチ切ったかな？」

「電気消したかな？」

「カギ閉めたかな？」……

気になりだしたら、キリがありません。

「お待たせ。もう一回見てくるわ。お待ちください」となかなか出発できません。

お助けアドバイス

1▼「一緒に確認してもいいですか？」

特にもの忘れのある認知症の人は、一通り確認が終わったと思ったら、また最初からやり直しということも、よくありました。

そんなときは……そう、ここまでお読みの方はもうおわかりですね。

確認が終わるのを玄関で待っているだけではなく、**一緒に確認**するようにしました。

乗車の前に戸締りを、もう一度確認したい……。

おはようございま～す！デイサービスのお迎えに来ました～！
ハイハーイ！
今行くよ～！
ありがとね～お待たせ…
ハッ！
ピューン
もう一回火の元見てくるわ～！
Aさん！お待ちください！
一緒に確認してもいいですか？
ピタ
電気良し！
火の元良し！
窓良し！
ようやく施錠！
ハッ
電気は…
消しましたよ一緒に見たので大丈夫ですよ！
そうかい、それなら安心だね
ほんなら行こうか

そんな気持ちになるのは、とてもよくわかります（わたしも心配性なので）。

記憶の衰えた認知症の人であれば、その気持ちはいっそう強くなるでしょう。

2▼安心と信頼

そんなときに、そばにいる人から、

「大丈夫ですよ！　心配ありません」

といってもらえたら、安心できますよね。

「わたしも一緒に見ました。大丈夫ですよ」

「そりゃ安心じゃ」

「あんたがそういうなら、安心じゃ」

そういわれたわたしも、とてもうれしかったです。

日頃のお付き合いを通して、

「この人のいうことなら安心」

そう感じてもらえるような信頼関係を育てていくことが、認知症介護には大事なことだと思わされた出来事でした。また、**「一緒」ということが不安から安心へと変える大きな要素**であることを改めて感じました。

プラスαアドバイス

自分の雰囲気を覚えてもらう

信頼関係を築くには、相手をよく知ることが大切です。

わたしたち介護職員は、生活のあらゆる場面でお年寄りを観察します。好き嫌いや苦手・得意はもちろんのこと、ふだんの生活スタイルや、家での困りごとなどを、なにげない会話を通して本人から聞き、それらをヒントにケアの工夫をさせていただきます。

認知症の人に安心感をもっていただくためには、日頃からたくさん話しかけて、自分の雰囲気を覚えてもらうことが大事です。

そうすることで、顔や名前は思い出せなくても、優しい雰囲気や声は記憶に残り、「この人なら大丈夫だな」と感じてもらうことができます。

災害時の避難誘導にも役立つ【安全な歩行介助の方法①】

令和6年の正月に能登半島地震に遭い、避難生活を送りました。

幸い今は自宅に戻ることができましたが、改めて災害の備えを考えさせられました。

安全な歩行介助

お年寄りの歩行が不安定なのに、手すりなどつかまるものがない……。

地震をはじめとする災害時には、そんなことが起こりがちです。

そこで、安全に避難するための、歩行介助の方法をご紹介します。

ふだんの介護でも活用できる方法ですので、日頃から練習しておくと、いざというときに役立ちますよ。

手すりなどつかまるものがない。歩行も不安定。

そんなときは、**向かい合って、お互いの腕をつかみ合い**ましょう。

このとき**お年寄りの手は、介助者のひじが曲がる部分に、上から置く**ようにします。

お年寄りは上から手を置くことにより、しっかり介助者につかまることができるので、歩行が安定します。

介助者は、お年寄りの**ひじから手の部分を、下からしっかり支えましょう。**

このような体勢をとることで、急に足がふらついても、転倒しないように、とっさの対応がしやすくなります。

歩いているうちに、だんだんと背中が丸くなり、お年寄りの視線が下にいってしまうことがあります。

そうなると介助者との距離も離れてしまい、お互いに、歩きにくくなってしまいます。

そんなときは、一旦立ち止まり、ぐっと背中を伸ばしましょう。

目線をまっすぐ前に向けて、歩く方向を見るように、声をかけるといいですね。

そして、お互いに歩きやすい距離まで近づいて、また歩きはじめましょう

災害時の避難誘導にも役立つ
【安全な歩行介助の方法①】
手すりなどつかまるものがない！
ない！
歩行も不安定…
そんなときは！
正面どうしで向き合い、
お互いの腕をつかみ合いましょう
介助される人が
上
ひじの
曲がる部分に
上から手を置く
介助する人が
下
相手の
ひじの関節を
下から支える

自分で歩くことを妨げない【安全な歩行介助の方法②】

ところで、介助が必要な高齢者と歩くとき、介助者はどこに立つと良いでしょうか。

そのときどき、環境に応じて違いはありますが、ここからは歩行介助の〝基本〟をお伝えします。

家族や小さいお子さんが体調が悪く、歩きにくいときなどにも活用できますよ。

一見元気そうに見える高齢者でも、段差や障害物が何もないところで、つまずいてしまうことがあります。また、急にふらついたり、膝がカクンと曲がって、膝折れしたりすることも、介護の現場でしばしば見てきました。

いつも大丈夫だから何もないだろうと過信せず、歩行の状態を常に観察することが大切です。

まず、介助者は左右どちらに立つか？　**基本的には、高齢者の利き手の反対側**です。

手すりなどがあれば、手すりとは反対側に介助者が立ちます。

とっさに手すりにつかまれるように、高齢者の動きやすい手の側をフリーにして、安心して歩けるようにしましょう。

歩行が比較的安定している高齢者は、自立支援の観点からも、なるべく自分自身で歩行してもらいます。もし自分が歩くとき、真横に人がべったりといたら、歩きにくさを感じるのではないでしょうか。

介助者は一歩斜め後ろの位置で、常に自分の視界に高齢者が入るようにすると、とっさのときにもすぐに対応できます。

ふらつくときや、足元が不安定な場合は、高齢者側の介助者の手を、脇の下にそえるようにして当て、**腕の付け根を持つようなかたち**で支えます。

親指と人差し指の間を、脇にそわせるように当てると安定し、介助される側の不快感も軽減されます。

そして、**反対側の手で高齢者の手を握りましょう**。このとき、高齢者の手は上、介助者の手は下にし、高齢者が手にグッと体重をかけても支えられるようにします。

この方法は、体調不良の子どもを通院させるときにも、大いに役立ちました。

ふらついたときに、介助者が高齢者の手首を掴むとケガをすることがあります。

腰や脇など、体の大きな関節や、体幹を大きく支えるようにしましょう。

常に相手の立場になって、安心・安全の介護を心がけましょう。

自分で歩くことを妨げない
【安全な歩行介助の方法②】
歩行介助、どこに立つ？
一見、お元気そうでも…
何もないところでつまずく！
急にふらつく！
基本的には
高齢者の利き手の反対側！
右利き の場合
高齢者の左手側に立つ
とっさに手すりなどにつかまりやすい
さらに
少し斜め後ろ
高齢者の様子がしっかり視野に入る
上からの図
真横に並ぶより歩きやすい

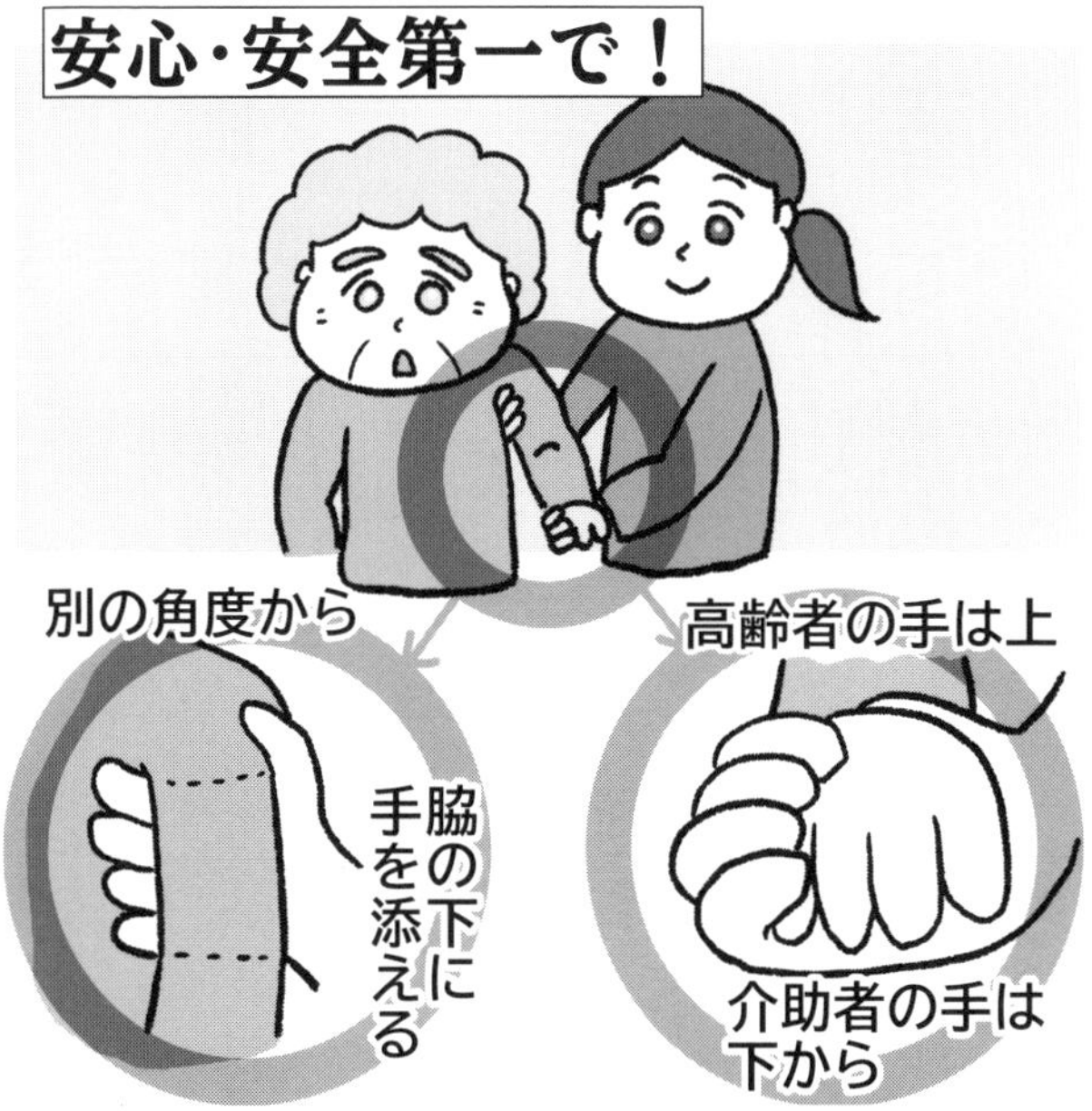
安心・安全第一で！
別の角度から
脇の下に手を添える
高齢者の手は上
介助者の手は下から

危険！
腰に手を回し支える！
サッと前に回り込み脇の下など体幹を支える！
サッ

耳が聞こえにくいと認知症になりやすい？【難聴と認知症】

突然ですが、

「最近、なんだか聞こえにくいな？」

と感じたことはありませんか。

わたしの40代の友人が、先月の健診で**聴力の低下を指摘**されたそうです。

そういわれると、わたしもなんとなく、子どもの声が聞き取りにくくなっているような気がしてきました……。

実は、聴力と認知症には関連があります。

耳の聞こえにくさがあると**認知症発症リスクが1・9倍**になるという研究報告があるのです（ジョンズ・ホプキンス大学の研究 Lin, F. R., et al. (2011). "Hearing Loss and Incident Dementia." Archives of Neurology, 68(2), 214-220.）。50歳以上で聴力の低下がある人は、認知機能も、より低下しているというデータもあります。

さて困りました。何か対策はないものでしょうか。

① 耳掃除をしすぎない

耳かきを使うと気持ちいいので、しょっちゅう耳かきをしている人はいませんか。

本来耳アカは、自然と耳の外に排出されるようになっているそうです。

なので、ひんぱんに耳かきをする必要はないのです。かえって、間違った方法で耳かきをすると、耳アカが耳の奥に詰め込まれてしまうことがあります。

そういえば、わたしがお年寄りの耳鼻科受診に同伴したときに、10センチくらいの長さのスルメのような巨大な耳アカが出てきたのを、何度か見たことがあります。

さすがに、それだけの大物が取れると、

「あー、よく聞こえるようになったわ」

と喜んでおられました。

耳かきは月に一回程度、綿棒で耳の入口をきれいにする程度で十分なようです。

どうしても耳が気持ち悪いときは、耳鼻科で取ってもらうのがいいでしょう。

② 補聴器を使う

耳が聞こえにくいにもかかわらず**補聴器を使わないと、認知機能が低下しやすい**という研究結果があります。

また、**補聴器を長期的に使用することで、認知機能の改善効果が高まる**というデータもあります。適切に補聴器を使用することで、認知症を予防できる可能性があるのです。

わたしがデイサービスで働いていたときに、朝のお迎えに行くと、**家の中から大音量のテレビの音**が聞こえてくることがありました。

耳が遠くなると、コミュニケーションに支障が出ます。

また、人の話がわからないと、孤独を感じたり、社会との接点が減ったりします。

明らかに耳の聞こえが悪くなったら、ためらわずに補聴器を使ったほうが良いでしょう。

参考文献：「あたまとからだを元気にするＭＣＩハンドブック」国立長寿医療研究センター　２０２２年

お助けアドバイス

まずは相手の視界に入りましょう

相手から見える場所で話をするのが1つ目のポイントです。

耳が聞こえにくい人には、大きな声で遠くから呼びかけても伝わらないことがあります。**まずは相手の視界に入りましょう。**言葉だけではなく、表情やジェスチャーを加えることで、話が伝わりやすくなります。

2つ目は、左右の聞こえやすい耳を確認します。人によって、左右の聴力に差があることがあります。聞こえやすい耳の近くで話すことで、意思疎通がスムーズになります。

3つ目は、声の音量やトーンを工夫します。聞き取りやすい声には、個人差があります。「大きい声が聞きやすい」という人もいれば、「近くで話されると耳が痛い」という人もいます。

わたし自身は、地声が大きいタイプなのですが、伝わりにくいなと思ったときは、低めの声で耳打ちするように話をします。「耳打ちスタイル」は、相手も自分の耳に集中して「話を聞こう」という意識が働くようです。

その人に合わせて、聞き取りやすいトーンを試しながらベストを探すようにしましょう。

耳が聞こえにくいと認知症になりやすい？

【難聴と認知症】

聞こえにくい人は、認知症に要注意！

50歳以上で聴力が低下している人は、認知機能も、より低下しているというデータが！

適度な耳掃除
補聴器を使う
WOW!

適切な対応で、楽しいコミュニケーションを続けましょう

介護福祉士が見た「実態と防御策」【高齢者を狙う悪質な訪問販売】

悪質訪問でのトラブルは依然として多くあります。ここからはわたしが実際にご家族から相談を受けた悪質な訪問販売についてお話ししますね。

事実に基づく話ですが、プライバシー配慮のため若干創作を加えています。

高齢の母親と同居する女性が、仕事から帰ってくると、下駄箱の上に見覚えのない契約書がありました。

すでに全国紙と地方紙の2紙を購読しているのに、さらにほかの新聞の購読契約をさせられたようなのです。

カッとして、おかあさまに契約書のことを問いただしましたが、

「何も覚えていない」

といいます。

その後、女性が気持ちをクールダウンして、ゆっくり話を聞いてみると、おかあさまはその日の出来事を、少しずつ思い出してくれました。

介護福祉士が現場で見た「実態と防御策」
【高齢者を狙う悪質な訪問販売】
ただいま～
ん!? ナニコレ?!
健健新聞
東川営業所
購読契約書
令和5年3月～令和6年3月
川野花代 様
〒000-0000
○○県○○市
○○町△△-△△…
おばあちゃん! 勝手に新聞契約したでしょ!
え? なんのこと?
今日誰も来てないよ?
今日の13時ごろ
ピンポーン
ドーーン!
ワタクシ健健新聞の者ですが
新聞購読のキャンペーン中です! いかがですか!
わたし…新聞いらないわよ
少しの間でも構わないんです!
それに今なら…

どうやら、「**いつでも解約できる**」と言葉巧みに、その販売員はプレゼントまで用意して彼女に契約サインを迫ったようでした。すぐに新聞販売店に電話して解約することができましたが、今後もっと大きなトラブルが起こるのではないかと思うと心配です。

悪質な訪問販売には、以下のような手口があります。

- 孤独感につけこむ→「お一人暮らしですか」「**なんでもお話聞きますよ**」「心細いことはありませんか」
- 不安心をあおる→「お宅の**屋根が壊れていて今すぐ修理しないと危険**です!」「家の中の物も一緒に修理しましょう。お安くしますよ」
- お得感で興味を惹かせ、自宅に上がる→「最近着ていない着物やアクセサリーなどありませんか?」「**高く買い取りますよ**」

このように被害に遭っていることに気づかれにくいことが多くあります。

また、軽度認知症の方は被害に遭っていることに気づいていない場合もあります。

訪問販売では「クーリング・オフ制度」が適用されます。

消費者ホットラインに電話すると、クーリング・オフの方法など、具体的な契約解除のやり方を教えてくれます。日頃から、ちょっとした困りごとも相談できる、家族のコミュニケーションも大切ですね。

対策①
玄関に訪問販売お断りのステッカーを貼る
訪問販売、勧誘など一切お断りします！
NO!
悪質な場合は、警察に連絡します！
対策②
家の中に絶対に入れない
インターホン越しに話す
玄関を開けるときはチェーンをしたまま
対策③
お金の管理を家族に任せる
手元には必要最低限のお金だけ
もしも契約してしまったときは…
訪問販売では、「クーリング・オフ」制度が適用される！
8日間以内なので要注意！
困ったら、消費者ホットライン「188」へ！

一包化・薬の飲み忘れや重複を防ぐ便利な方法

訪問介護でお年寄りのご自宅を訪問すると、薬の飲み忘れを相談されることがよくあります。錠剤、カプセル、粉薬など、いろんなタイプの薬があると、つい数を間違えたりして、管理が難しいなと感じますね。

そんな薬の管理を簡単にする、便利な方法があります。

朝・昼・夜など、一回ごとに分けて包装してもらう「**一包化**」です。

医師や薬局に気軽に相談してみましょう。

一回ごとに分包された袋に「○月○日　朝」のように記入します。

このときに、**袋に傷がつかないように、先の柔らかいペンで記入してくださいね。**

一包化した薬を、箱やウォールポケットに入れておくと、よりわかりやすいですよ。いつ飲むか、すでに飲んだかが一目でわかるので、**飲み忘れや重ね飲みの防止**ができます。

薬を飲んだら、空袋を元の場所に入れておくと、間違いなく飲んだことが確認できるので便利ですよ。

一包化・薬の飲み忘れや重複を防ぐには？

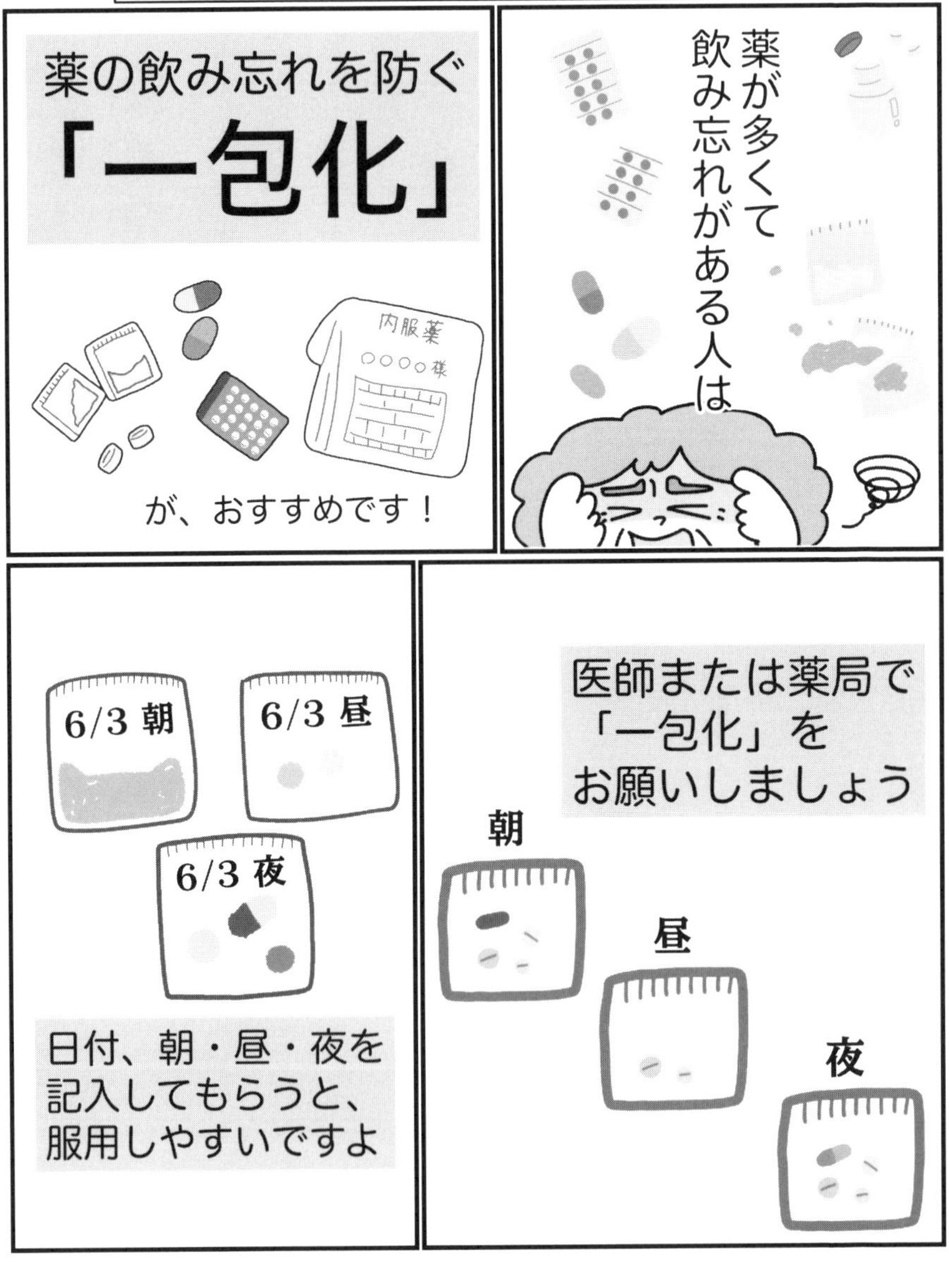

空き袋は
元の場所に入れておく

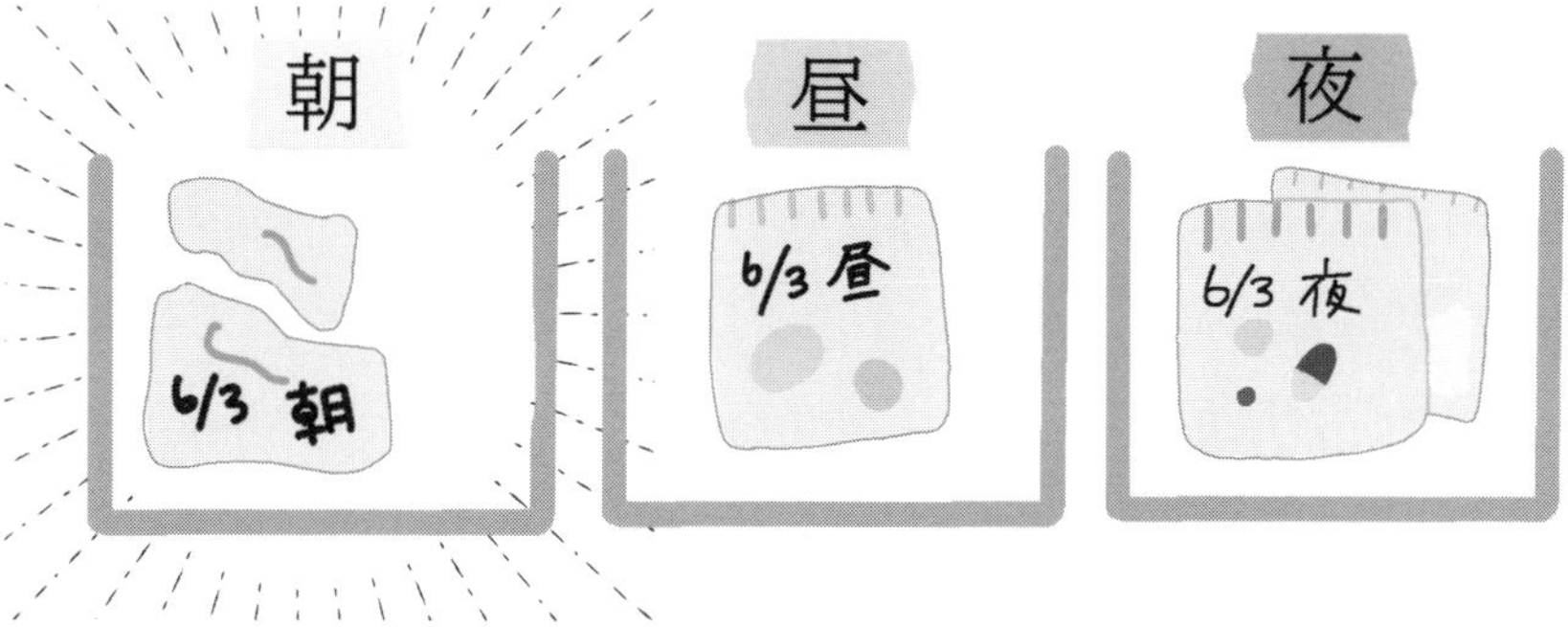

あとで確認しやすい！

認知症の人に食事介助をするコツ

これまで何度かお話ししてきましたが、認知症の人は、本当に日々、いろいろな食事の悩みを抱えています。

「ちょっと前に食べたことを忘れてしまう」

「ごはんの中に虫が見えて食欲がわかない」

「食べ方がわからない」

などなど、トラブルは多岐にわたります。

家族にとっても悩みは尽きません。そんなときに、どう介助したらいいのか、どんな言葉をかけたらいいのかと悩んでいる人も多いのではないでしょうか。

今回は、よくある家での食事介助の悩みと改善のヒントを紹介します。

認知症が原因で、食事においても様々な悩みが起こることがあります
ふー……
ん～……何食べたっけ……
食欲がわかないわ…
?
どういってすすめたらいいのかな…
どうやって食べる?
困。
…
本人だけでなく、家族も困っていることも…

① 食べようとしない

お腹は空いているはずなのに、目の前の食事を見ても食べようとしないことがあります。その理由は、テーブルに並んでいる物が、料理だと認識できないからかもしれません。またその料理を、どうやって食べたらよいのかわからないので、手が出せないこともあります。

お助けアドバイス

誰かと一緒に食事ができれば、人が食べる様子を見て、料理を認識し、食べ方を思い出すことができます。

食事は一人でなく、みんなで食べる方が美味しく食べられるのには、そんな理由もあるのです。

食事は単なる栄養補給の手段ではありません。テーブルクロスや食器の工夫など、料理の彩りにこだわってみるのも食欲増進に効果があります。

② 飲み込み（嚥下）ができない

ゴックンと飲み込む力が弱かったり、口の中で小さくかみ砕くことができないことがあります。

お助けアドバイス

食材の大きさや固さが本人に適しているのかを、食べる様子から観察してみましょう。なかなか飲み込めないときは、刻む・柔らかくする・とろみをつけるなどの工夫が必要です。

しかし、食べやすいように柔らかい料理ばかりにすると、飽きてしまうこともあります。さまざまな食感や味を楽しめるようにすることも食欲増進につながります。

また、虫歯や義歯のかみ合わせなど、口の中のトラブルなどを抱えている場合もありますので、食事の様子に変化があったときは、一度医師に相談すると良いですよ。

暴言・暴力があるときの対処法3選

認知症の人の中には、昔はとても温厚で優しかったのに、最近すぐに怒るようになったと感じられる人もいます。

不機嫌になると物を投げる、大声を上げて威嚇する、冷たい言葉で家族をののしる……などの行動を起こすこともあります。

感情抑制機能が低下し感情のコントロールが困難になったり、理解力・判断力の低下により不安やイライラが募ることが原因として考えられます。

今回は、暴言・暴力のある認知症の家族との付き合い方を考えます。

① 力や言葉で対抗しない

一方的に抑えつけることは、双方にとって深い傷を残すことになりかねません。反発して暴れるなど、さらに大きな問題につながるリスクもあります。

介護する人にとってはつらいことですが、感情的にやり返さない、言い返さないように心がけましょう。

②物理的な距離を取る

それ以上の暴言や暴力に巻き込まれないように、別室へ行く、庭に出る、散歩へ行くなど、物理的な距離を取りましょう。

できればほかの家族や、ヘルパーさんと交代し、いったん距離をおいてクールダウンすることが大切です。

苦しい気持ちのまま介護を続けるのではなく、まず介護する人の心を守る行動を取ってください。

③誰かに話す、相談する

暴言や暴行を受けた経験は、とてもつらく悲しいことです。

誰かに話そうと思っても、勇気が出なかったり、人には話しづらいと感じ、思いとどまってしまうこともあるでしょう。

それでも、まずは家族から、できれば医師やケアマネージャーなどの専門職に相談してください。

激しい暴言や暴力は第三者の介入がなければ、解決できない場合が多いと考えておきましょう。

専門家に相談することで、投薬や入院など医療面からのサポートや、ショートステイやデイサービスの利用など介護面でのアドバイスをもらうこともできます。

ふだんの関わりと介助のポイント

1▼わかりやすい会話を心がける

「何を話しているのかわからない」「自分が伝えたいことが伝わらない」など、本人の不安や混乱が暴言につながることがあります。

できるだけわかりやすい言葉で、そのときの状況や、今すべきことを伝えるようにしましょう。

2▼環境をなるべく変化させない

認知症の人は、環境の変化に強くありません。

生活の変化についていけず、ストレスがたまることで、イライラして暴言・暴力につながることもあります。

引っ越しなどの理由で、やむなく環境が変わる場合でも、家具やカーテン、壁紙などを以前と同じにすることや、思い出の品を置くなど、それまで慣れ親しんだ環境を再現する配慮をしましょう。

3▼メモの活用

認知症の人がいつでも見てわかるように、大切なことはメモに書いて見えるところに置きましょう。

一緒にメモを見ながら、内容を丁寧に伝えることで、お互いに気持ちが落ち着き、理解を得やすくなります。

介護する人にとっても、困ったことや悩んでいることをメモに書いておくことで、医師やケアマネージャーなどに相談するときに役立ちます。

★まとめ

暴言や暴力に遭遇したとき、なんとかその場はやり過ごせたとしても、
「これから、どうなっていくんだろう」
「こんなことが、いつまで続くんだろう」

などの不安がつきまとうものです。

その不安を「自分一人が我慢すればすむこと」だとは、決して思わないでください。

どれだけ愛情をこめて介護をしても、暴言や暴力の矛先が自分に向かってくれば、怒りや憎しみの感情を抱いてしまいます。

その場から、逃げたくなります。


それが正常な反応です。

すべての認知症ケアに通じることですが、一人で抱え込まないことが大切です。

たとえば、優れた医療は一人の医師だけの力ではなく、多くの病院スタッフの協働によってなされるのと同じです。

どんなに名医といわれる外科医でも、たった一人で手術をすることはできないのです。

暴力的な認知症の人をケアするためには、チームの力が不可欠です。

そのチームの中で、家族としての1つの役割を果たしていくことが大切なのです。

怒りっぽい、暴言への対応
介助者の自己肯定感も守るには
認知症が原因で、
暴言・暴力が起こることがあります
いい返したいけど…
力やことばで
対抗しない
物理的な
距離を取る
実は…
父の暴言がひどくて…
ケアマネ
などの
専門職
誰かに話す、
相談する

認知症の人も傷ついている

自分を育ててくれた親の衰えを目の当たりにするのは、とてもショッキングなことです。それまで普通にできたことができなくなったり、すぐに忘れてしまう様子を見ていると、家族は悲しい気持ちになったり、あるいは憤りを感じることもありますね。ときにはイライラをぶつけてしまうこともあるでしょう。


でも、悲しい気持ちになったり、**傷ついているのは家族だけじゃない**んです。

認知症があっても、心は健常者とかわりません。

そこで、認知症の人がどのような不安や戸惑いを感じているのかを、介助のヒントも加えて紹介します。

認知症の人も傷ついています
ガミガミ
認知症の人も、
悲しかったり傷ついたりしています…
忘れやすい
カギしめたかな…
焦
思いを伝えられない
ポツン…
ワイワイ
疎外感
判断力決断力低下
どうしたらいいんだろう
どうしていいかわからない…
不安、自信を失う

① 忘れやすい↓焦燥感

認知症の記憶障害が進むと、だんだんと思い出せないことが増えていきます。

ごはんを食べたことを忘れて、ごはんまだだよ!」と、家族を怒鳴ることもあります。毎日入浴しているのに、「何週間も風呂に入れてもらえない」と、近所の人に愚痴をいうこともあります。記憶が不安定な人は、常に不安や焦りを感じやすい状況にあるといえるでしょう。

お助けアドバイス

「覚えられない」

「時間・場所・人の見当がつかない」

そんな不安を感じるときでも、目立たずそっとサポートしてくれる人が近くにいると安心できます。自尊心を傷つけないように、さらっとヒントをくれる人がいいですね。

「忘れても、この人がそばにいてくれたら安心」

そう思ってもらえるような、**さりげなく頼り甲斐のある人**を目指しましょう。

②うまく思いを伝えられない→孤独感・疎外感

認知症の影響で、人の会話を理解することが難しくなります。また、自分の気持ちをうまく表現できない場面も増えてきます。家族が楽しく会話をしているのに、「何を話しているのかサッパリわからない」などといって、場をしらけさせてしまうこともあります。

お助けアドバイス

会話のテンポを相手に合わせて、何を伝えたいのかじっくり聴いてみましょう。お互いの表情を見ながら話すことで、言葉以外の感情の起伏を感じることもできます。難しい言葉や、持って回った言い方はせず、**シンプルな会話**を心がけましょう。たとえ話の内容が間違っていても、ストレートに言い返さず、いったんは相手の言葉を受け止めましょう。

③判断力・決断力の低下→不安・自信を失う

それまでできたことができなくなると、自信をなくしたり、不安になることもあるでしょう。1つひとつのことには対処できても、同時に複数のことが重なると判断ができないこともあります。また、スマホやパソコン操作が必須となりつつある現代では、ITリテラシーがないと、何事にも自信を持てない状況に陥りやすいといえます。

お助けアドバイス

認知症になっても、すべてのことが突然できなくなるわけではありません。その人にできることは、時間がかかってもそっと見守ることも大切です。できる限り残存能力を使っていくことが、**達成感を得たり尊厳を守る**ことにつながります。

★まとめ

認知症の人は、常に不安や孤独感の中で生活しているといえるでしょう。そんなときに求められるのは、信頼できる人の存在です。

認知症の人が、自分らしく生活するためにはどんなことが必要なのか。じっくりと表情を見て、声を聞き、その人の求めるものが何なのかを理解できる人になりたいですね。

【介護あるある】手の震えを抑える工夫
見られていると震えるんです

「ここにサインお願いしま〜す」

「はいはーい」と快く返事をした祖母でしたが……。

「か……書けない！」

なんと、祖母は手が強く震えてしまい、文字がほとんど書けなかったのでした。

書きなれているはずの自分の名前を書くときでさえ、なかなか書けないときがあります。


こういった、自分の思いとは関わりなく体の一部が勝手に動いてしまう症状を振戦《しんせん》といいますが、不思議なことに、書いているところを見られると、ますます震えが強くなりがちなんです。

書かなきゃ……と思えば思うほど、手の震えが強くなってしまうことが多いです。

そう、**この手の震えは、「自分の意思でコントロールする」のがとても難しい**んです！

自分の意思とは反対に、震えが強くなっていくと、不安な気持ちになりますよね。

手の震えを抑える工夫・書類サイン編
見られていると震えるんです

手の震えが出てしまったときは、とにかく気持ちを落ち着かせて、リラックスしましょう！

ペンも一度置き、書かなきゃという不安から少し解放されましょう。

手をにぎって温めたり、ハンドマッサージをすると気持ちも落ち着きますよ。

震えがひどく、どうしても字を書くのが難しい場合は、家族の代筆が可能かどうか、提出先に確認してみましょう。

震えが心配でも、**じっと見つめず、一歩離れて温かく接しましょう。**

見つめられると、ますます震えがひどくなります。

周囲の人の理解と思いやりが大切ですね。

この頃〝本人の〟サインが必要な書類が多いですね。年々増えているような気がします。

このサインは、本人のため、それとも相手の会社のため、どちらなんでしょうか？

念の為に求められる、必要のないサインも多いように感じます。

手が震えてしまい、文字が書きづらい人もいる、ということが、もっと広く知られて、

電子署名の普及など、サインに寛容な社会になってほしいと思います。

手の震えがちょっと心配でも
書き終わったら教えてくださいね
ゆっくりで大丈夫ですよ
ありがとう
じっと見つめ過ぎない

本人の様子を見て、
わたし、かわりに書きますね！
よろしくね！
難しいときは代筆する

手をにぎり温め合ったり、
久しぶりに手をつないだの〜

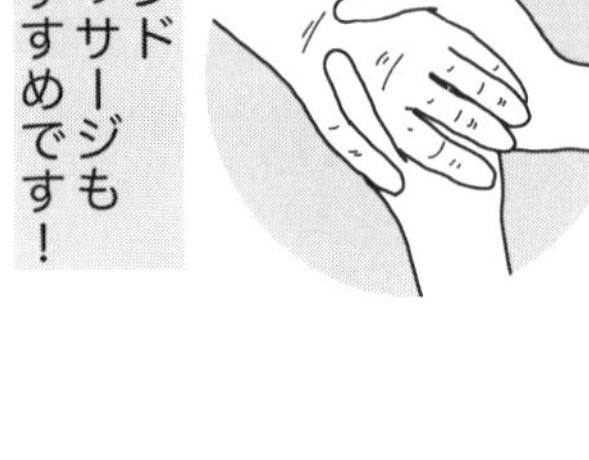
ハンドマッサージもおすすめです！

火傷しないよう熱いものはNG
入れる量はコップの半分くらいまで
難しいときは手伝う
こうしよう！
そうやね、安心や！

第4章

もっと生活しやすくなる方法

食事面から睡眠まで

認知症にならない【食事の工夫3選】

先日、久しぶりに母に会いました。

「最近、認知症にならないように、気をつけたいと思って……」

まだ60代の母ですが、急にそんなことをいうようになりました。

「認知症に効くかわからないけど、食事に気をつけようと思っているよ」

若い頃から、偏食が激しかった母の心境の変化に、少し驚きました。

残念ながら、これを食べれば認知症にならないという魔法の食材は、今のところ見つかっていません。

しかし、**食材選びや食事の量・栄養バランス**などの工夫をすることで、**認知機能の低下を防ぐ**ことができるという研究報告があります。

毎日の食事で、どんなことに気をつければ良いのでしょうか。
具体的なポイントを順に紹介していきます。

お助けアドバイス

1▼野菜・果物・魚を積極的に食べよう

アルツハイマー病や軽度認知症では、脳に酸化物が増加することから、脳は「酸化のストレス」に弱いと考えられています。

そのため、**野菜、果物、魚**などの**抗酸化作用**がある食品は、認知症発症予防に効果が期待されます。

アジ、サンマ、サバ、イワシなどの青魚には、オメガ3脂肪酸のDHAやEPAが多く含まれています。

DHAは**記憶力や判断力の向上に有効**であるという報告があります。

EPAは**血管を拡張して血行を促進**することから、血管性認知症の予防効果が期待されます。

- **ほうれん草、小松菜、菜の花**などの緑黄色野菜

・**納豆、枝豆、そら豆**などの豆類

には、葉酸が多く含まれています。

葉酸は、認知症の発症リスクを高めるホモシステイン（悪玉アミノ酸）を減らすことができます。

2▼年齢と体重に応じた適切な食事量

・**65歳未満**では、**太り過ぎに注意**しましょう。ＢＭＩ25以上の肥満が将来の認知症の可能性をアップします。

・**65歳以上**の高齢者は、**痩せすぎに注意**しましょう。低栄養による痩せが認知症発症の危険をアップします

認知症予防のためには、年齢と体重に応じた食事量を心がけることが大切です。

また、一定期間体重が変わらない人は、食事で必要なエネルギーは満たされていると考えて良いでしょう。

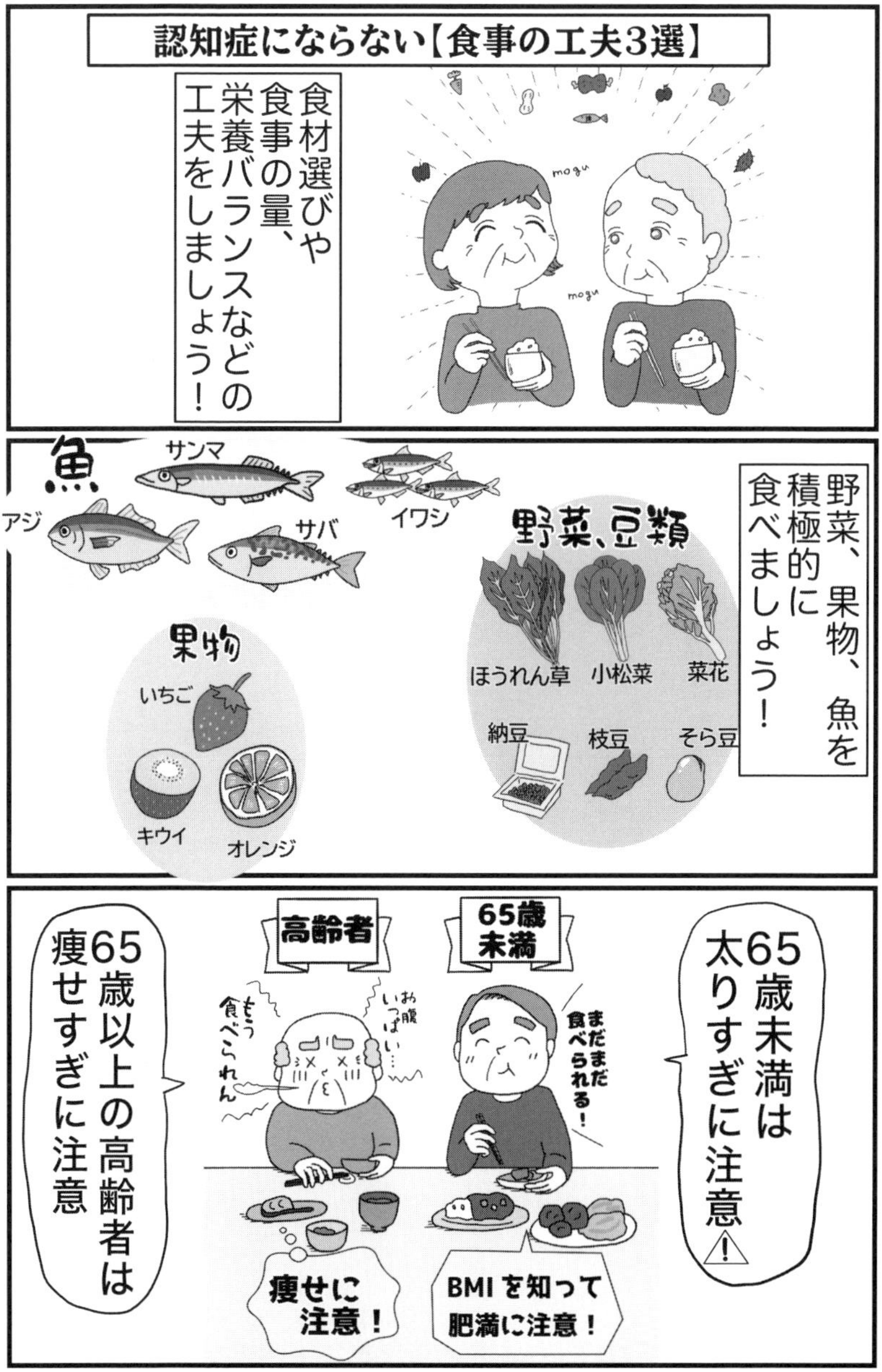

認知症にならない【食事の工夫3選】
食材選びや食事の量、栄養バランスなどの工夫をしましょう！
mogu
mogu
野菜、果物、魚を積極的に食べましょう！
魚
サンマ
アジ
サバ
イワシ
野菜、豆類
ほうれん草
小松菜
菜花
納豆
枝豆
そら豆
果物
いちご
キウイ
オレンジ
65歳未満は太りすぎに注意⚠
65歳未満
高齢者
65歳以上の高齢者は痩せすぎに注意
まだまだ食べられる！
お腹いっぱい…
もう食べられん
BMIを知って肥満に注意！
痩せに注意！

3▼バランスの良い食事

食品の多様性が高い人ほど、栄養状態が良く、**認知機能低下が抑制**されたという報告があります。

1日2食以上、主食・主菜・副菜がそろった食事を心がけると、栄養をかたよりなく摂ることができるでしょう。

わたしが老人介護の仕事をする中で、これまで100歳以上の人に何人かお会いしてきました。

その中には、かなりの偏食でありながら、100歳を過ぎても認知症でない人もおられました。

アレルギーで食べられるものが限られる人もいます。

嫌いなものを無理して食べてまで長生きしたくないと思う人もいるでしょう。

しかし、介護をする立場からいえば、あまりにも好き嫌いが激しい人は、ちょっとコミュニケーションが難しいのです。

食べ物に限らず、いろいろなものを分け隔てなく受け入れる多様性は、これからの時代に、ますます必要になると思われます。

色々な食品を摂取することで認知機能低下の危険性が減少

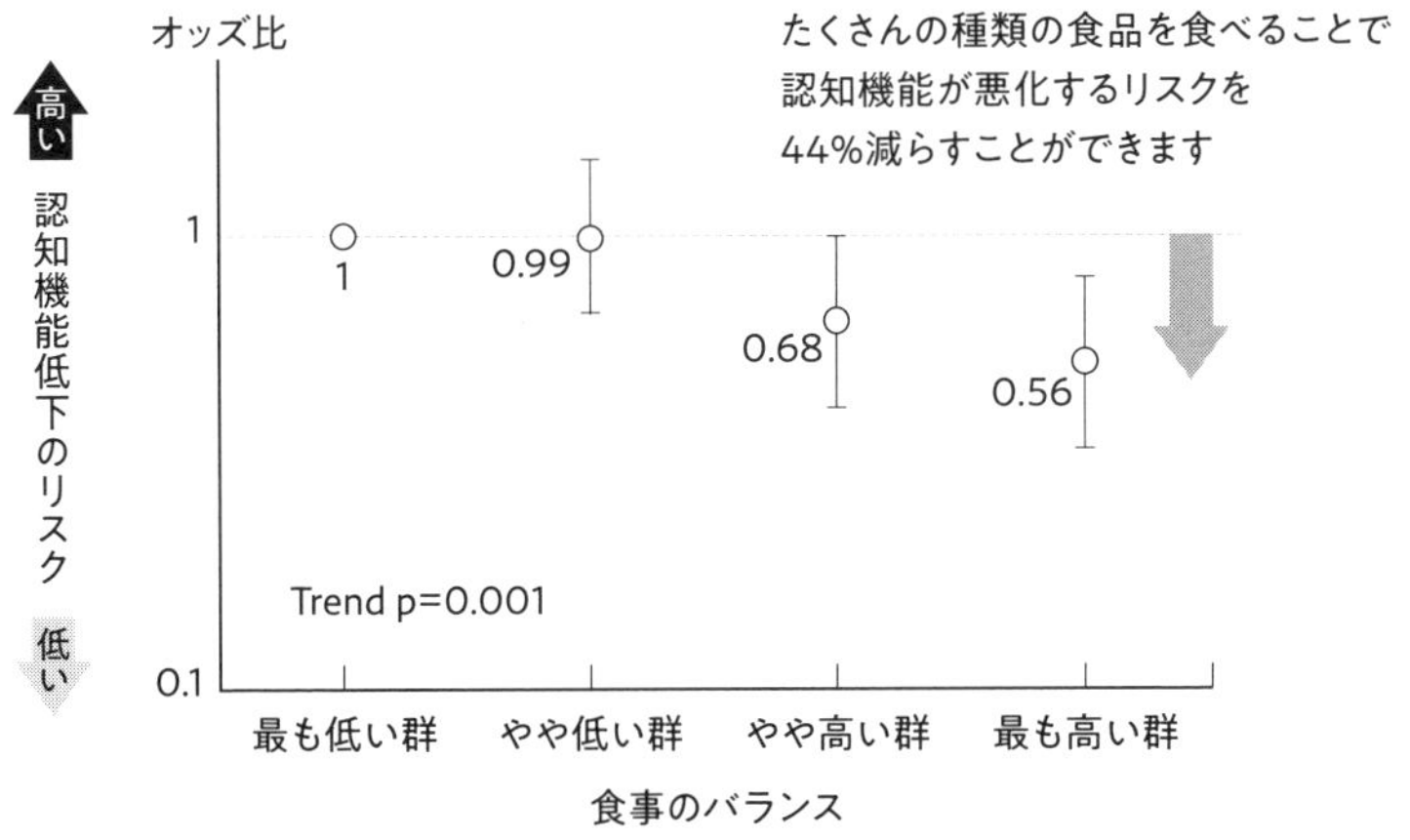

出典:あたまとからだを元気にするMCIハンドブック　国立長寿医療研究センター2022年

毎日、教科書通りのバランスの良い食事は無理でも、**ちょっとだけ、普段食べないものを食べてみる**。そんな心がけからはじめてみるのもいいかもしれません。

これまで知らなかった、意外な美味しさや楽しみを知るきっかけになるかもしれませんよ。

認知症を予防する食事とは？栄養以外にも考えるべきこと

わたしがイラストを描くのと同じくらい好きなのが「食べること」です。
美味しいものを食べることなら、年中無休で……と常々思っています。

生きるためには、食べることが欠かせません。
そしてどうせ食べるなら、栄養のあるものを、美味しく食べたいですね。
実は、食事のとり方の工夫次第で、認知症を予防することもできるそうです。
そこで「認知症を予防する食事の楽しみ方」をご紹介します。

お助けアドバイス

1▼「孤食」より「共食」

食事は栄養バランスを考えて「何を食べるか」が大事ですね。
そして、もう1つ加えると良いものがあります。それは「一緒に食べる人」です。

「何を食べるか」だけでなく、「誰と食べるか」も大切です。

食事は、栄養補給だけでなく、社会交流の機会としても、とても貴重なものです。

一人で食べる「孤食」は、誰かと食べる「共食」より認知機能が低下する危険性があるという研究報告があります。

誰かと一緒に食べることで、お腹も心もいっぱいに！　楽しいひとときを過ごしたいですね。

2 ▼ 五感を刺激する食事

食事にはいろんな楽しみ方がありますね。

たとえば、

- 目で見て料理を楽しみ（視覚）
- においで食欲が増し（嗅覚）
- サクッと噛んだ音を聞き（聴覚）
- 食材の舌触りを感じ（触覚）
- 口に広がる味を堪能する（味覚）

などなど、美味しい料理ほど、五感にうったえてきますね。

そのほかにも、旬の食材で季節を感じられるのも楽しみです。

そして同じ食材でも、和食、洋食、中華など調理の違いで、味わいのバリエーションが増えていきます。食事が脳に与えるさまざまな刺激を意識することで、楽しみながら認知症の進行を防ぐことができますよ。

3▼年齢と体重に応じた適切な食事量

認知症が進むとともに、ついつい寝坊したり、夜更かししたり、一日の生活リズムが乱れやすくなっていきます。一日三度の食事を、決まった時間にとることは、生活リズムを維持することにつながります。いつもの時間に、いつもの場所で、使い慣れた食器に、安心できる人と……。そんな落ち着いた環境で食事ができたら、幸せです。

食事を通した生活の安心感も、認知症の進行を予防します。

参考文献：「あたまとからだを元気にするMCIハンドブック」
国立研究開発法人　国立長寿医療研究センター　2022年

★まとめ

栄養バランスだけでなく、食事がもたらす人とのつながりも、忘れてはならない大切なことです。

そう書いているうちに、わたしもお腹が空いてきました。

今日の夕飯は、子どもたちと何を食べようかな。一緒に楽しめる食事を、これから考えてみますね！

良質な睡眠は取れていますか？【認知症になりやすい眠りのタイプ】

体調管理といえば、十分な睡眠は取れていますか？

実は、睡眠と認知症の発症リスクには、重要な関係があることがわかっています。

そこで、**認知症になりやすい眠りのタイプ**についてご紹介します。

① 短すぎる、または長すぎる睡眠時間

睡眠が短くても長くても、認知症の発症リスクが高まることがわかっています。

統計的には、睡眠時間が**5時間未満**のショートスリーパーと**8時間以上**のロングスリーパーは、認知症の発症率が高いという結果が出ています。

もちろん認知症の発症には、睡眠時間だけでなく、睡眠の質も関わってきます。

それらを以下に説明していきます。

② 睡眠時に暴れる、大声を出す、息が止まる

認知症の発症と睡眠時間

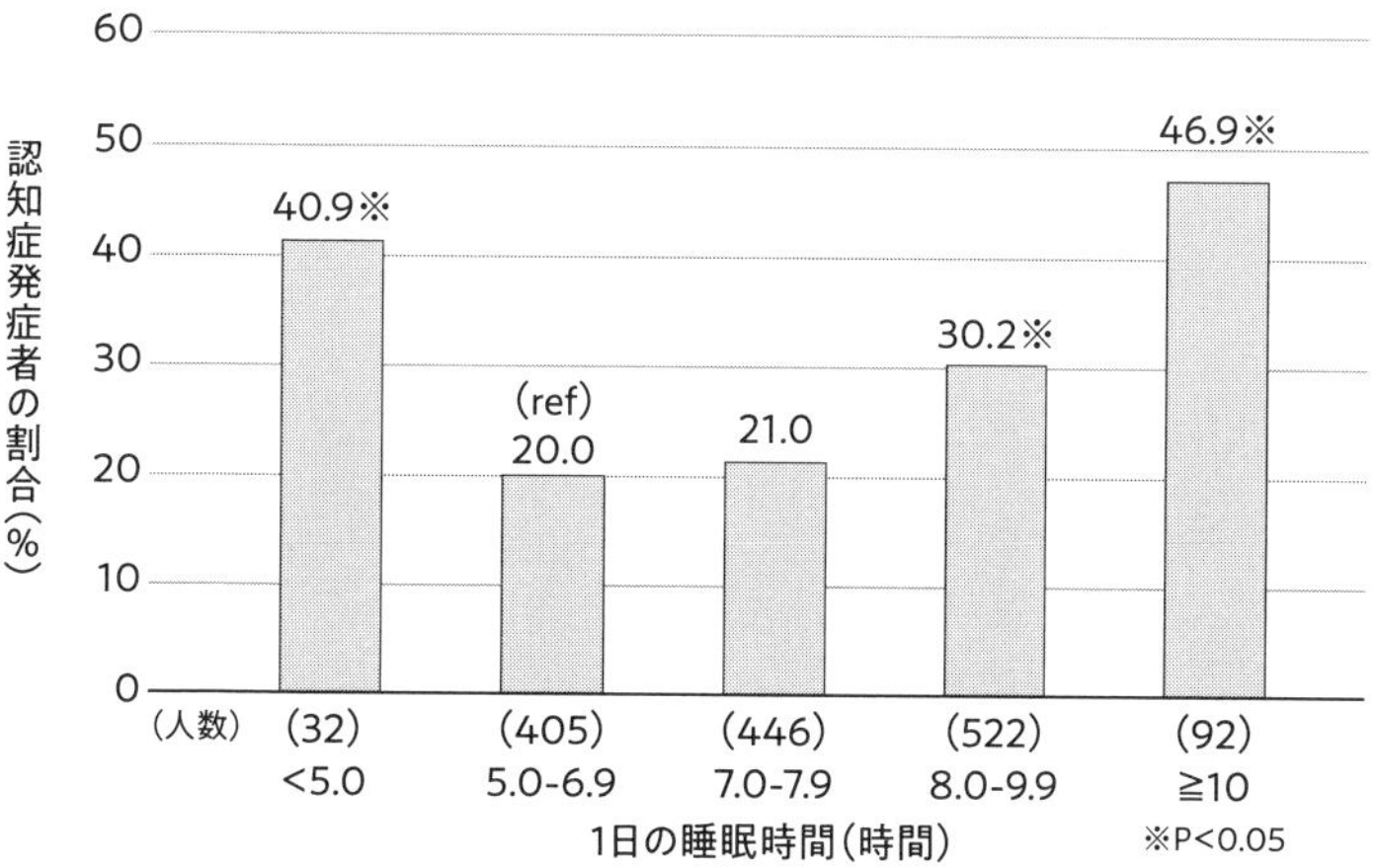

出典：あたまとからだを元気にするMCIハンドブック　国立長寿医療研究センター　2022年

睡眠障害が現れる認知症に「**レビー小体型認知症**」があります。

睡眠中に大声を出したり、暴れるなどの睡眠行動障害が起こります。

レビー小体型認知症は、発症する前からその症状が見られることがあります。

睡眠中に何度も呼吸が止まり、低酸素状態になる「**睡眠時無呼吸症候群**」の人も、認知症発症リスクが約2・4倍になるという研究報告があります。

これらの症状に心当たりがある人は、かかりつけ医への相談をおすすめします。

③ 睡眠薬にもリスクがある

病院で処方されるハルシオンやデパスなどの**ベンゾジアゼピン系睡眠薬**には、**認知症発症リスクを高める可能性**が報告されています。睡眠薬は、自己判断で量を加減せず、必ず医師と相談のうえで飲む量を決めてください。

良質な睡眠のためには薬だけではなく、まず生活習慣を改善することが大事です。

・就寝直前までテレビやスマホ、タブレットを見ない
・寝る前に、なるべく部屋を暗くする
・カーテンを10センチほど開けて、日光で目覚めるようにする

このような方法も、おすすめです。

★まとめ

適切な時間と質の良い睡眠によって、認知症の発症率を下げることができます。

睡眠薬は、認知症の発症率を高める可能性があります。必ず医師と相談して、適切な量を服用することが大事です。

また、薬だけを頼るのではなく、昼間の生活習慣を改善することが、睡眠の質の改善につながります。

認知症になりやすい睡りのタイプとは？
睡眠時に暴れる、大声を出す等は要注意
「レビー小体型認知症」の可能性があります
適切な睡眠時間を大切にしましょう
グーグッ。……
シ………ーン……
また、「睡眠時無呼吸症候群」になると、認知症の発症するリスクが2.4倍に！

眠たくなってきたなぁ…
睡眠直前のテレビやスマホを避けたり、朝は日光で自然に目覚められる工夫を

今からでも遅くない【認知症予防効果がある日常の運動】

定期的な運動習慣が認知症予防に有効ですが、運動といっても、スポーツジムやフィットネスクラブに通うことだけが運動ではありません。

日常生活に効果的に運動を取り入れることによって、**認知症を予防**できることが、多くの研究によってわかっています。そこで3つのポイントから、認知症予防に効果のある日常の運動のやり方を、イラストを交えてお伝えします。

① 週3回以上行う

全般的認知機能の向上には、週3回以上の運動に効果があるという研究報告があります。ウォーキング、サイクリング、ダンスなど、さまざまな運動が有効であることがわかっています。自分の得意な運動を続けるのがよいでしょう。

あまり運動が好きでないという人は、なるべく歩いて買い物に行くなど、**積極的に歩いて移動することを運動と考えてもいい**そうです。

② 半年以上続ける

運動を24週以上続けることで、**全般的認知機能と実行機能の改善効果**が見られたという研究があります。

24週以下では、認知機能の改善は認められませんでした。

少なくとも半年ぐらいは運動を続けないと、認知症予防効果は出にくいようですね。

三日坊主にならないように、運動を日常の習慣にすることが大事です。

③ 強度アップで効果もアップ

50歳以上の成人を対象とした調査によると、**通常の歩行以上の強さの運動**を続けることで、**認知機能の改善**が見られたそうです。

散歩などのゆったりした歩行では、認知機能に良い効果はなかったようです。

歩くスピードを少し上げる程度の運動でも、継続することで認知症予防効果があります。ほんの少しだけ、ふだんより体を動かすことを、継続して行うことが、認知機能の改善には役立ちます。

認知症予防効果のある日常の運動方法
得意な運動や、体を使う活動を週3回以上続けよう！
運動習慣を半年以上続けましょう！
ほんの少しずつでも、強度を上げてみましょう
月曜
速めのウォーキング
水曜
筋トレとラジオ体操
土曜
水泳

★まとめ

認知症予防のためには、特別に体に負荷をかける運動をしなくてもいいのです。

「運動をはじめるには、歳をとりすぎた」と考える必要はありません。

遅すぎるということは、決してないのです。認知症予防のためには、**ほんの少しいつもより体を動かす**ことを、**継続して行う**ことが大切です。日頃、運動習慣のない人は、三日坊主にならないように、続けられる工夫をすることが大事ですね。

- いつもより、少し早歩きで買い物に行く。
- いつもより、少し力を入れて窓を拭いてみる。

などなど……。生活の中で、ちょっとだけ、いつもより体を動かすことを心がけてみませんか。

参考文献：あたまとからだを元気にするＭＣＩハンドブック　国立長寿医療研究センター　２０２２年

手伝いすぎると自分でできなくなる!?介護福祉士が教える【自立支援型介護】

皆さん125歳を目標に、元気で長生きしましょうね。夢は、遥か遠くにです!
さて、認知症のお母さんの対応に困っている、Bさんのお話です。
内容は実話に基づいていますが、プライバシーに配慮し、若干の創作を加えてあります。

Bさん　「母が認知症で身の回りのお世話をしているのですけど、自立支援も大切っていうでしょ。だから、わたし一人でやってしまわず、二人で掃除を一緒にしようと思ったの」

はるか　「すばらしいですね!」

Bさん　「わたしが全部お手伝いしてしまうと、自分でできなくなるかと思ってね。でもね……」

Bさん母　「アンタがしてくれるなら、やりません!」

Bさん　「……っていうんですよ。そんなふうに強くいわれると、だんだん声をかけるのがイヤになっちゃって。」

はるか「そうなんですね。お母さんのことを考えて頑張っておられますね」

はるか「では、こうしてみてはいかがでしょう！」

Bさん「あえて、『掃除しよう』とはいわず、自然と流れにのせちゃいましょう！」

はるか「どういった感じに……ですか？」

「たとえば、こんな感じです」

その時々の相手の気分や体調にもよりますが、意外とすんなりと受け入れてもらえることが多いですよ。

でも、強く断られると、こちらの気持ちもへこんでしまいますよね。

「今日、一緒にできるかな？　できたらラッキーだな！」くらいの気持ちで対応するのがいいでしょう。

家族の介護は、決して100点を目指さなくてもOKなんですよ。

わたしたちプロの介護職をうまく活用して、楽しい家庭生活を過ごしてくださいね。

自立支援型介護の方法とは？
自立支援
認知症
自立支援も大切って聞いたから、一緒に掃除をしようと声をかけたんだけど…
アンタがしてくれるなら私はやりません!!
こういわれてしまって…
そうなんですね！
こういった方法もおすすめですよ
あえて「掃除しよう」とはいわず、自然と流れにのせちゃいましょう！
ここ持ち上げるから、掃除機かけてくれる？
ハイハイ
ありがとう！向こうもヨロシク～
わたし、モップかけるね！
ハイヨ～

第 5 章

日頃からできる認知症改善のヒント

寄り添いながら
やれること

記憶や脳萎縮に改善効果【コグニサイズ】認知症予防体操

今日ご紹介する**コグニサイズ**は、国立長寿医療研究センターが開発した、**運動**と計算・しりとりなどの**認知課題**を組み合わせた、認知症予防のための運動です。

コグニサイズを対象にした研究では、**全体的な認知機能**や、**言語流暢性**に加え、個別の運動だけでは有効性が確認されていない、**記憶**や**脳委縮**に対する改善効果が認められています。

昔は、いったん失われた脳の機能は回復しないといわれていましたが、決してそうではないことがわかってきたのです。

★コグニサイズとは

cognicise（コグニサイズ）は、cognition（認知）とexercise（運動）を組み合わせた造語です。

からだを使う【運動課題】と、あたまを使う【認知課題】を同時に行います。

ＭＣＩ（認知症ではないが正常ともいえない状態）の段階で、「コグニサイズ」を実施することで、認知機能の低下を抑制することが明らかにされています。

以下に自宅ではじめられるコグニサイズの例を、イラストを交えて具体的に紹介します。

① 頭と体を同時に使う

【運動課題】全身を使い軽く息が弾む程度の、脈拍数が増えるような運動
【認知課題】たまに間違える程度の難易度が少し高めのもの
この2つの課題を、その人のレベルに合わせて選択します。
たとえば、以下のような課題なら自宅ですぐにはじめられるでしょう。

- **数を数え**ながら、**足踏み**をする。
- **引き算**をしながら、**少し早足でウォーキング**をする。
- **しりとり**をしながら、**踏み台昇降**をする。

② むしろ間違えたほうがいい！

上手にできないからといって、やめる必要はありません。
むしろ、間違えながら続けるほうがいいのです。
コグニサイズの目的は、課題をクリアすることではありません。

少し難しい課題にチャレンジし続けることで、脳の活性化を促すのです。
ちょっと難しくて、ちょっと間違えるくらいがちょうどいいのですね。

あまり真剣になりすぎないで、自分の間違いを笑い飛ばしながら続けられる課題を見つけられたらいいですね。

そして、間違えずにできるようになったら、課題をステップアップするタイミングです。
次に取り組む内容を自分で考えることも、頭のトレーニングになりますね。

★まとめと注意点

コグニサイズをはじめるにあたって、注意点があります。
ふだん運動習慣のない人が、いきなり息の上がるような運動をするのは危険です。
まずは、いつもの生活の中で、頭と体の組み合わせ運動をはじめてみましょう。

椅子に座って足踏みしながら……
ゆっくりと散歩をしながら……
階段を上り下りしながら……

認知症予防体操【コグニサイズ】とは？
認知課題 ＋ 運動課題
数を数える
＋足踏み
33.
34.
35…
引き算
＋ウォーキング
100－7
＝93、
93－7
＝86
…
しりとり
＋ステップ台
昇降
アイス、すし、
シュークリーム、
むしパン…
あっ!!
運動と認知課題とを
組み合わせた運動
認知
(cognition)
＋
運動
(exercise)
＝
コグニサイズ
(cognicise)
間違えても
大丈夫！
ちょっと間違えながら、
間違いも楽しむことで、
効果を得られる体操です

できることからはじめてみませんか？
まずは実践！
認知症予防の第一歩を踏み出しましょう。

引用：国立長寿医療研究センター予防老年学研究部ホームページ

フレイルとは？虚弱から要介護にならないタイプ

「フレイル」という言葉は介護をするうえで、切っても切り離せない言葉でもあります。そこで、フレイルについて3つのポイントから説明していきます。

①要介護状態の前段階

高齢になっても、誰もが急に要介護状態になるわけではありません。少しずつ体や頭が衰え、だんだんと生活に影響が出てきます。

フレイルとは、要介護状態になる前段階のことをいいます。

フレイルの時期にどう対応するかで、その後の人生が大きく変わります。現状を維持、または改善できるのか、それとも要介護状態になってしまうのか……。

フレイルは、生活に何らかの影響が出はじめているものの、生活機能の維持向上が可能な段階です。

フレイルになった人のうち、約3分の1の人が、健康を回復したという研究もあります。

本人の努力と適切な支援により、健康な状態に戻ることができるチャンスの時期なのです。

② フレイルの判断基準

フレイルには、5つの判断基準があります。

1. 体重減少
6か月で2kg以上の（意図しない）体重減少

2. 筋力低下
握力↓男性で28kg未満、女性で18kg未満である

3. 疲労感
（ここ2週間）わけもなく疲れたような感じがする

4. 歩行速度
通常歩行速度↓通常の歩行速度が1m/秒未満である

【フレイル】とは？
健康
フレイル
要介護状態
フレイルとは、要介護になる前の段階のこと
5つの判断基準があります
体重減少
疲れやすい
歩行が遅くなった
力が弱くなった
あーかーなーいー…
体を動かさなくなった
フレイルになると…
ケガ
気分の落ち込み
死亡率↑

5．身体活動

①軽い運動・体操をしていますか？

②定期的な運動・スポーツをしていますか？

前記の2つのいずれも「週1回もしていない」と回答。5項目のうち、3項目以上に当てはまると「フレイル」、1～2項目は「プレフレイル」、該当なしは「ロバスト（健常）」となります（2020年改定日本版CHS基準より）。

また、社会的孤立・孤独・困窮からくる「社会的フレイル」や、認知機能低下や不安・抑うつなどを示す「精神・心理的フレイル」も存在します。

③フレイルから回復するには

フレイルになると、気分の落ち込みからうつ病の発症や、転倒などによるケガ、病気による死亡の危険性が高まることもわかっています。

フレイルから回復するには、どうしたらいいのでしょうか？

実際にフレイルから回復した人の特徴を調べた研究があります（渡邉良太、竹田徳則、林尊弘、金森悟、辻大士、近藤克則：フレイルから改善した地域在住高齢者の特徴――JAGES縦断研究：総合リハ、46（9）、853-862、2018.）。

この研究によると、フレイルの高齢者11323名のうち、4165名が約3年後には回復していました。約3分の1の人が、フレイルから健康を回復していたことがわかりました。

フレイルから回復した人には、以下のような特徴がありました。

- 1日の歩行時間30分以上
- 友人と会う頻度月1回以上
- 毎日外出すること

（男女いずれも）

- 野菜・果物摂取頻度毎日1回以上（男性）
- 肉・魚摂取頻度週4回以上（女性）

★まとめ

フレイルは、要介護状態になる前の段階です。

そして、まだ健康な状態に戻ることができる時期でもあります。

定期的な運動習慣や、**栄養バランスの取れた食事**を心がけることで、フレイルから健康を回復した人は少なくありません。

先に挙げたフレイルの基準や研究結果を参考に、思い当たることがあれば、積極的に行動を開始していきましょう。

認知症高齢者の行方不明を防ぐ

ある日、ケアマネージャーのもとに、一本の電話がありました。

認知症の旦那さんが、自宅からいなくなったという連絡でした。

奥さんは、自宅周辺を探しましたが見つからず……困りきって、ケアマネに連絡したそうです。警察にも捜索を依頼し、数時間後に旦那さんを発見！


が、しかし！　旦那さんが見つかった場所は……。

なんと、自宅から約10㎞も離れた場所だったのです。

数時間の間に、どんどん歩き続けていたのでした。

自分がどこに向かっているのかすら、わからない状況になっていたのかもしれません。

わからない……だから、どんどん進む。

進んだ先に、自分の行きたい場所があると信じているのかもしれません。

けれど、歩き続けることで、事故に遭う危険も増していきます。

認知症高齢者の行方不明をなくすには!?
認知症のおじいちゃんが家からいなくなった！
慌てた奥さんからケアマネージャーに連絡がありました
旦那さんは認知症！
認知症の方は道に迷いやすい！
警察にも連絡して
数時間後にようやく見つかった場所はなんと…

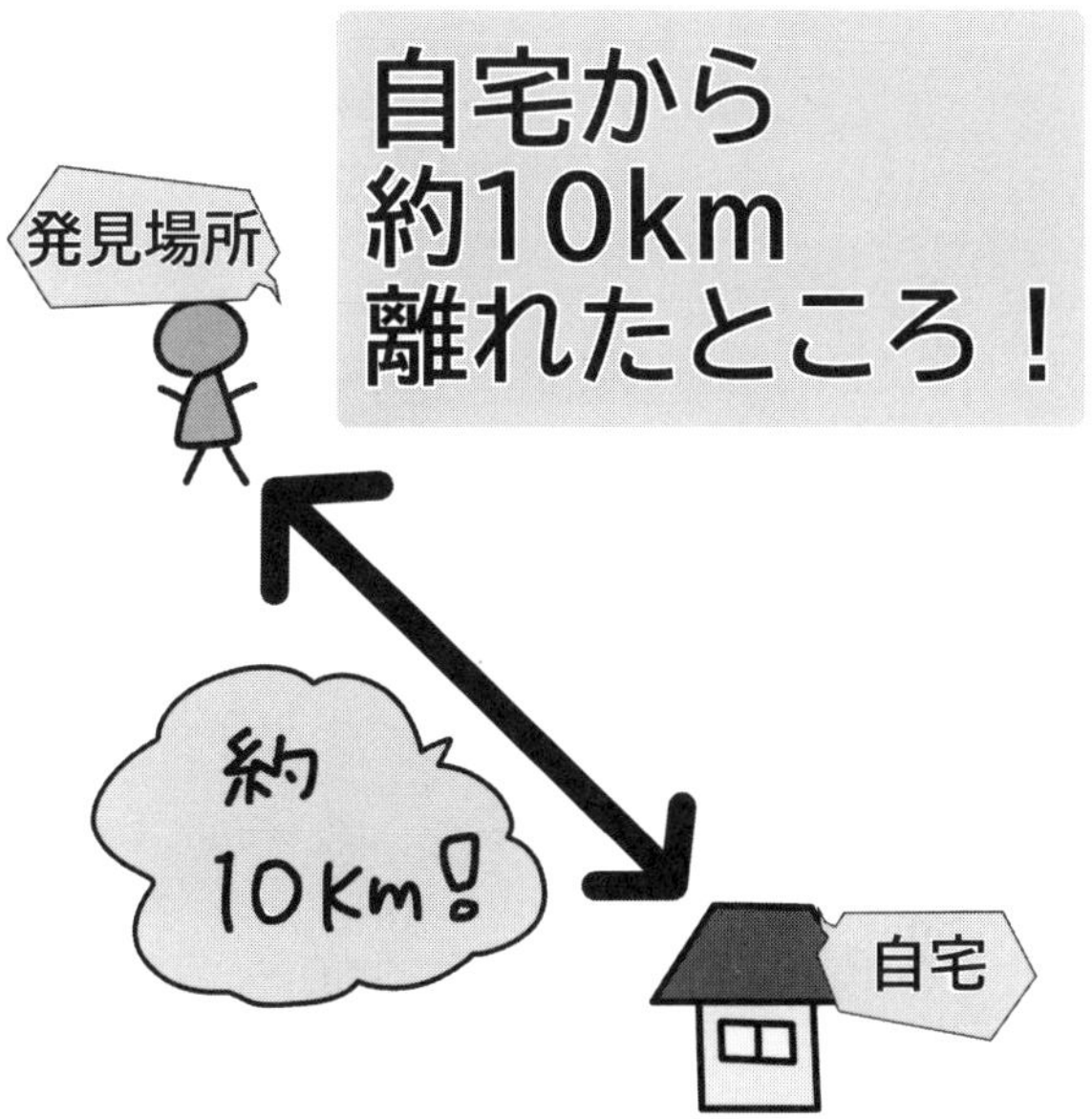

真夏だったら、熱中症のリスクも！

そんな認知症の人の行方不明を防ぐには、どうしたらいいのでしょうか。

認知症の人は家の中で、食べ物やトイレの場所を探しているうちに、どこへ行けばいいのかわからなくなって、結果的に外に出てしまうことがあります。

お助けアドバイス①

玄関ドアに「出かけるときには、声をかけてね」など、貼り紙を貼っておくのもいいでしょう。もし外に出ようとしても、センサーで作動するライトやチャイムがあると、家族はすぐに対応できます。これは防犯対策にもなりますね。

貼り紙をする

玄関を開けると鳴るチャイムを設置する

お助けアドバイス②

一人で道に迷うリスクはあるものの、せっかくの外出意欲をなくしたくないと考える方には、パソコンやスマホで居場所を追跡できるGPS装置を利用する方法があります。

普段から常にGPS装置を持ち歩くことは、認知症の人には難しいかもしれませんが、GPS内蔵の靴なら、玄関にその靴を置いておくだけでいいので便利ですね。

お助けアドバイス③

上着などに記名をしておくことも有効です。プライバシーとの兼ね合いもありますが、認知症で、自分の名前や住所、電話番号がいえない方もいらっしゃいます。念には念を、人それぞれの状態に合わせて、いろんな対策を組み合わせて準備するのがおすすめです。

プラスαアドバイス

そして、余裕があるときには一緒に歩いてみるのも、いいかもしれません。どこに行きたいのかな……。歩きながら、その人の考えや気持ちなどを聞いているうちに、どこに行こうとしているのか、ヒントが得られるかもしれませんよ。

クツに
GPS機能装置を
つける

服やカバンに
連絡先を記入

「このあたりに、わしの家があるはずなんやけどなぁ」

「そうなんですか」「少し休んでから、また一緒に探してみませんか？」

と、さりげなく帰宅を促してみましょう。

そして、ふだんから何気なく、生まれたところや育った場所、学生時代や仕事の話など、昔のことをいろいろと聞いてみるといいですね。

知らなかった一面を、知ることができるかもしれません。また、**昔の写真を飾ることで、視覚的にも、家にいながら思い出に触れることができます。**

こんなときがあったなと、懐かしい気持ちになりますね。わざわざ外に、思い出探しに行かなくても、部屋に思い出があることで安心できます。昔のこと、最近のこと……どんなことでも、時間に余裕があるときには、家族の会話の時間をもてるといいですね。

楽しい会話を通して、自宅での安心感や、温かい居心地を感じてもらえるようになると、**遠い場所まで、一人で歩いていくことが、減っていく**場合も多いようです。

語り合い、お互いの気持ちに寄り添うことで、一人で遠くに歩いて行ってしまう思いの根っこに近づけるかもしれません。

「**遠くに行くよりも、ここにいたいな**」

そんな気持ちを、少しずつ育てていけるといいですね。

このあたりにわしの家があるはずなんやけどなぁ
そうなんですか～
少し休んでから、また一緒に探してみませんか？

お父さんの家とか家族の写真とか
ここらへんに飾っておきましょうね
昔の写真を飾り、
視覚からも
思い出と記憶に触れる

今一番
行きたいところは
どこですか？
んー
どこかのー
楽しい会話などから、
自宅での安心感、
温かい居心地を感じてもらう

遠くに
行くよりも
ここに
いたいなぁ

認知症になっても好かれる人

ここからは、わたしがデイサービスで働いていたときに出会った素敵な人「ひなたさん（仮名）」のお話をします。

ひなたさんは90歳。

足腰がしっかりとした、とても活発な方です。

デイサービスでは職員と目が合うたびに、

「ごはんもう食べたけ？」

と聞くのが、ひなたさんの口癖でした。

ある日の午後、「脳トレ」の時間の出来事です。

10人ほどがテーブルに集まって、漢字クイズや計算問題などのプリントに取り組んでいました。

みんなが静かに集中して問題を解いていると……。

突然、ひなたさんが大声で歌いだしたのです。
静かなデイルームに響き渡る、ひなたさんの美声に、みんなはビックリ仰天。
わたしは、ひなたさんの目の前に行って「シーッ」と口に手を当てました
ひなたさんは耳が遠いので、彼女の視界に入る場所で、ジェスチャーをまじえていわないと、伝わりにくいのです。

① 自分の居場所がわからない

これまでもお伝えしてきたように、認知症の症状に、時間や季節、自分の現在の居場所、周りの状況などがわからなくなる「見当識障害」があります。

ひなたさんも自分が今、どこで、どんな活動をしているのか、だんだんわからなくなっているようでした。

このときは、脳トレの時間だということを忘れて、

「いつもは元気な仲間たちが、今日はなぜか机に向かって難しい顔をしている」

「みんなが元気になるように、歌で景気づけをしよう」

と考えたのでしょうか。

常に周りの人のことを気にかけて、元気が出る言葉や、おどけた動きでみんなを楽しませるひなたさんは、デイサービスのムードメーカーでした。

② 認知症になっても残るもの

認知症になると、すぐに出来事を忘れたり、時間や場所がわからなくなったりします。
ひなたさんは認知症の診断を受けました。
その頃から「もの忘れ」があり「見当識障害」がありました。
それでも、**認知症になったからといって、ひなたさんを嫌う人はいません。**
ひなたさんには**「人を思いやる気持ち」**があるからです。
超高齢化が急激に進む今、将来誰もが認知症になる可能性があります。
「認知症になっても幸せに生きるためには、何が必要なのか？」
そんな大事なことを、ひなたさんは教えてくれました。

【認知症になっても好かれる人の条件とは？】
ひなたさん（仮名・90歳）
ある日のデイサービスの午後
10人ほどで脳トレのプリントに取り組んでいたときのことです
・・・
突然、ひなたさんの美声がデイサービス内に響き渡りました
むっかし〜
むっかし〜
う〜らしま
はぁぁぁ
シー……
ハイハイ！
仲間たちが難しそうな顔をしていたので、楽しませようと思ったのかもしれません
認知症になっても周りの人を思いやる優しいひなたさんはデイサービスの仲間から、慕われる存在なのでした

「認知症は治らない」って本当ですか？

認知症には、いくつもの原因疾患があり、その総称として「認知症」と呼ばれています。原因となる疾患によって症状や治療にも違いがあります。

今回は「認知症は治せるのか？」ということについて、知っておきたいポイント3つを説明していきます。

① 根本的な治療法がない4大認知症

おさらいになりますが、認知症の原因疾患で一番多いのが「アルツハイマー病」でしたね。

認知症と聞くと、まず「もの忘れ」が浮かびますが、それは「アルツハイマー型認知症」の初期症状に、もの忘れがよくみられるからでしょう。

次いで多い認知症は、脳卒中などで脳組織が破壊されて起こる、まだらが特徴の「**血管**

性認知症」。

そのほかに、幻視が特徴的な「レビー小体型認知症」と、性格の変容が目立つ「前頭側頭型認知症」があり、これらは4大認知症と呼ばれています。

これら4つの認知症は、残念ながら現在の医学では進行を完全に止めたり、完治する治療法が確立されていません。

しかし、認知症は治らない病気だとあきらめてしまって、よいのでしょうか。

② わずかだが治る認知症もある

4大認知症と比べると、全体からみた割合はわずかですが「治る認知症」があります。「脳炎」「神経梅毒」などの感染症や、「アルコール中毒」「ビタミンB2欠乏」などの中毒や栄養障害によって起こる認知症です。

これらに加えて、「脳腫瘍」や、「慢性硬膜下血腫」「脳挫傷」などの外傷性疾患、「正常圧水頭症」などの髄液循環障害、「甲状腺機能低下症」などの内分泌障害を原因とする認知症も、**治療によって改善することができます**。

認知症の早期発見と早期治療が重要だといわれるのは、これらの「治せる認知症」を発見し治療を行うことによって、一人でも多くの認知症患者さんを救うためなのです。

【認知症は治らない】って本当ですか？
どうして認知症になるの？認知症は治る病気？
「認知症」は総称で、原因や症状、治療法はそれぞれ違いがあります
アルツハイマー型認知症
レビー小体型認知症
血管性認知症
ぜ〜んぶ含めて
認知症
腫瘍や感染症などによる認知症
前頭側頭型認知症
など…
おばあちゃん！パジャマでどこ行くの！
原因や症状を知ることで、よりよいケアにつながります

「治せる認知症」であっても、時期を逃すと手遅れとなり、治療ができないこともあります。

認知症全体からみた割合は少ないものの、早期の発見と治療によって、治すことができる認知症があることを、覚えておきましょう。

③ 食事、運動など生活習慣の改善が有効

4大認知症など、現在の医学では「治らない認知症」であっても、食事や運動などの生活習慣を改善することで、認知機能や生活機能を維持できる可能性があります。

週2回以上の定期的な運動や、頭を使う

知的な活動、人との交流も認知症のリスクを低下させるといわれています。
たとえ認知症になっても、その人の好きなことや、興味がある活動を続けることで、認知症の進行を遅らせることができるのです。
そうやって、認知症になっても最期まで寝たきりにならず、楽しみを持って生活をしている人はたくさんいます。
わたしも介護現場で、そんな素敵な認知症の方を数多く見てきました。

★まとめ

４大認知症をはじめとする多くの認知症には、現在はまだ根本的な治療法はありません。

しかし、割合としては少ないものの「治る認知症」があります。

その発見と治療のためには、医療機関の早期受診が有効だといえます。

たとえ「治らない認知症」であっても、生活習慣の改善によって進行を遅らせるなど、それぞれの病状に合った対策を見つけることができます。

もしかして認知症？と思われる症状があれば、まずはかかりつけ医、または、もの忘れ外来などの医療機関、地域包括支援センターなどに、気軽に相談してみましょう。

認知症の人にしてはいけないこと【タブー4選】

認知症介護の経験者なら誰でも感じたことのある、あの「イラッ」とする瞬間。

つい、やってはいけないことをしてしまいがちです。

20年近く介護のプロとして働いてきた、わたしも例外ではありません。

今回は、そんな【認知症介護のタブー4選】をご紹介します。

① 怒鳴る、叱る

記憶障害のある認知症の人は、その場の出来事をすぐに忘れてしまいます。

しかし、ここまでお読みの方ならもうおわかりのように、不思議なことに感情の記憶だけは残りやすいのです。

強く叱られても**「なぜ叱られたのか」、その内容はすっかり忘れてしまいます**。

でも、叱られて嫌な思いをした記憶だけは、しっかりと残ってしまいます。ですから、怒鳴ったり、叱ったりすることは、逆効果に終わることが多いのです。叱られた方は、嫌な思い出だけが残り、叱った方は自責の念に苛まれることになりがちです。

② 命令、強制する

人は感情的になって命令するとき、高圧的な態度になりがちです。どんな人でも、上から目線で強くいわれると、反感を持つか、委縮するかのどちらかです。その後の自発的な行動も減っていきます。

③ 子ども扱いする

認知能力が低下しても、**心は決して子どもではありません**。赤ちゃん言葉で、子ども扱いをされてうれしい人は少ないでしょう。「この人に何をいっても無駄」と、固く心を閉ざしてしまうかもしれません。

④ 役割を取り上げる

介護者の立場で考えると、確かに「全部自分でやってしまうほうが、早く済んで楽」なのです。でも反対に介護される立場で考えると、自分の役割がなくなるというのは寂しいことですね。

認知症の人にしてはいけないこと
【タブー4選】
認知症介護をしていると、
うまくいかず、イラッと感じてしまう場面もあるかもしれません
怒鳴る
叱る
こわいよ…
命令・強制をする
認知症介護で気をつけたい【認知症タブー4選】をご紹介します

子ども扱いをする
え…
今日も可愛いでちゅね

役割を取り上げる
わたしも手伝おうか？
オレがやるから触らないで

「何もできない」といわれた自分に引け目を感じたり、役割がなくなることで、脳への刺激も減って認知症が進行する恐れもあります。

認知症になっても、できることはたくさんあります。

その人ができることを活かせる、環境づくりも大切ですね。

★まとめ

認知症介護のタブー4選は、いかがでしたか。

認知症に限らず、高齢者への対応全般として考えるべきこともありましたね。

かくいうわたしも、介護のプロとしてまだまだ修行の身です。反省の毎日です。

しかし相手を気遣うあまり、自分が萎縮してしまう、そんな卑屈な介護者の姿勢にも違和感があります。

「**自分も相手も同じように大切にする**」

介護に限らず、人の生き方として考えていきたいことですね。

こんな人が危ない⁉【将来認知症になったら困る人の性格5選】

超高齢社会となった日本では、長寿の人が圧倒的に増えています。

それに従って、認知症の人も急激な増加傾向にあります。

他人ごとではない認知症

あなたも、わたしも、誰もが認知症になる可能性を持っています。

わたしは介護福祉士として、介護現場でさまざまなタイプの認知症の方と関わらせていただきました。

その実体験の中で感じた、将来、認知症になったら困るだろうなと思われる性格やタイプをピックアップしてみました。

性格は、なかなか変えることが難しいものですが、若いうちから少しずつ心掛けることで、認知症になっても、周りの人との幸せな関係を築けるかもしれません。

最後まで読んでいただくと、認知症を予防するヒントも見つかるかもしれませんよ。

わたしの体験が、あなたの将来のお役に立てれば幸いです。

それではははじめましょう。

「介護福祉士は見た！　認知症になったら困る性格5選」です。

① 小さいことを気にする人

あなたは、ささいなことでくよくよしてしまうこと、ありませんか？

気持ちが不安定な人は、小さなことでもストレスや不安を感じやすく、常に周りの目を気にしてしまいます。


介護を受けることになっても、人や自分の言動1つひとつが気になって、介護者と楽しい関係を築くことができません。

それで、引きこもりがちになったり、人とのコミュニケーションが少なくなったりすると、さらに脳の働きが鈍くなってしまいます。

また、不安な気持ちが長期間継続することで、うつ状態に陥る危険があります。**うつ病から認知症へ移行するケースは少なくない**といわれていますので、注意が必要です。

② 怒りやすく、短気な人

怒りやすい人や短気な人は、他者とトラブルを起こしがちです。コミュニケーションがうまくいかず、周りから敬遠されることも多いでしょう。そうして社会的に孤立し、人との関わりが減ることにより、脳の刺激も減って、認知症が進行してしまうこともあります。

③ 誠実でない人、協調性のない人

不真面目で責任感がなく、自己中心的な人も、人との交流が自然と減り、脳への刺激が少なくなってしまいます。

人との関わりがなく、自分の世界だけで生活してしまうので、生活に新鮮さがありません。

考える機会が減ることで脳の働きが弱って、認知症が進行する恐れがあります。

④ 生活習慣が乱れている人

食習慣、運動習慣、休養、喫煙、飲酒などの生活習慣の乱れが引き起こす病気は、生活習慣病と呼ばれています。

がんや心臓病、脳卒中などです。

この**生活習慣病が認知症の発症に関与**しているといわれています。

生活習慣の乱れは、体だけではなく脳にも大きく影響するのです。

認知症にならないため、また認知症を悪化させないためにも、規則正しく、健康的な生活を心掛けることが大切ですね。

⑤ 自分で全部してしまう人

人に頼らず、自分でなんでもこなせるということは、素晴らしいことのように感じられますね。

しかしその反面、他者との関係を築けず、自分だけの世界にこもりがちであることも確かです。

こんな人が危ない!?
将来認知症になったら困る人の性格5選
些細なことを気にしてしまう人
ストレス
不安
怒りやすく、短気な人
コミュニケーションが苦手
孤立しがち
生活が乱れている人
誠実性が低く、協調性のない人
ごくろーさーん
ポーイ
自分一人で何でもしてしまう人
手伝うよ？何かあったらいってね
だぁいじょうぶ!!
ホントは困ってマス

自分でなんでもできる人は、もともとプライドが高く、ほかの人の意見を聞き入れることが苦手なために、孤立しがちです。

そのため、必要なタイミングで援助を受けられず、気づいたときには病気が進行していたというケースも少なからずみられます。

「**自分でできると思っても、人に任せてみる**」

そんな心がけが、若いときから必要なのかもしれません。

★まとめ

いかがでしたか?

今日の話を読んで、自分の性格すべてを無理やり変えようと思う必要はないですよ。

自然体でいることも大事です。

決して無理せず、自分に合った生き方を取捨選択していくことで、幸せな老後を迎えましょう。

元気に、楽しく歳をとっていきましょう。

わたしが介護福祉士として介護現場で働く中で、**認知症になっても幸せな人**に、何人も出会いましたよ。

またの機会に、そんな幸せな認知症の人のお話ができればと思っています。

介護福祉士は見た【幸せな高齢者の特徴5選】

老人介護の仕事を通して、たくさんの高齢者とお会いしましたが、「わたしも、こんなお年寄りになりたいなぁ」と思わされた、幸せな方が何人もおられました。


そんな、〝介護士が見た〟幸せな高齢者に共通する特徴をご紹介します。

あなたは、いくつあてはまりますか？

くわしく見ていきましょう。

①好みがハッキリしている

まず1つ目の特徴は、好みがハッキリしていることです。

「好きな物は何？」と聞かれたとき、あなたは、すぐに答えられますか？

介護する立場からいうと、**好みがハッキリしていると、とても対応しやすい**んです。

幸せな高齢者の特徴5選
介護士は見た！
幸せな高齢者の特徴！
幸せな高齢者の特徴５選！
1.好みがハッキリしている
2.人に任せられる
3.余裕がある
4.楽天的である
5.周りの人を大切にする
いくつあてはまりますか？
好みがハッキリしていると…
ありがとう！
わたしの好きなものいっぱい…！
とっても嬉しい♡
おばあちゃんってこういうのが好きよね
喜んでもらえるとうれしいな…！
そうだね！プレゼントはこれにしよう！
たとえば…
1.好みがハッキリしている
真っ赤な色が大好き！
好きな歌手はヒデキ！
好きな花はバラ！

まず、話しかけやすい。話題選びに困りません。

好きな物の話なら、いつでも盛り上がりますよね。

元気のないときでも、好きな物の話をすれば、自然と元気になる。

〝好き〟が周りにあふれて、自分も、人も、ますます生き生きします。

好きな物がある人って、幸せ！

また、好みがハッキリしている人には、プレゼント選びもしやすい。

喜んでもらえる物が、事前にわかりますからね。

もらう方も、贈る方も、どちらもハッピー！

② 人に任せられる

2つ目の特徴は、さきほどもお伝えしたように人に任せられることです。

誰でも年齢を重ねるにつれ、できないことが増えますね。

そうなったとき、みなさんはどうしますか？

一人で意固地になって抱え込むより、人を信頼して、自分にできないことは任せられる。そんな人は、幸せですね。

人と、しっかりした信頼関係を築けることが、大切ですね。

2. 人に任せられる
信頼関係を築く
できないことを人に任せられる
一緒に考えていきましょう！
薬がこんなにあまっちゃった……
管理をお願いしたいわ……

人を信用できないから、人に任せられない。

そんな人は、自分でなんでもこなせる間は大丈夫でしょうが、いずれ介護や援助が必要になったときには、どうしますか？

若いときから、人と信頼関係を築く練習が必要です。

介護現場で、幸せなお年寄りを見て、「人を信頼できる人は、その人自身も人から信頼される人なんだ」と感じました。

わたしも今から、人から信頼される人になれるように、がんばります。

そして、**人を信頼できる人は、反対に信用できない人を判断することも上手**です。

人を見抜く力があるのですね。

信用できない人に対しては、ハッキリと

断るので、悪徳商法などのトラブルに巻き込まれることもなく、幸せで穏やかな生活を送ることができますね。

③ 余裕がある

3つ目の特徴は、余裕があることです。

経済的にも精神的にも、何事にも余裕がある人は、周りの人とギクシャクせずにいられますね。

決して経済的に豊かでなくても、質素な暮らしで、**お金を使わない生活に満足できる人であれば、自然と余裕は生まれます。**

余裕を持って無理せず焦らず、ゆったり生活したいですね。

何事にも余裕のある人には、幸せが集まってきます。

④ 楽天的である

4つ目の特徴は、楽天的であることです。

人生、山あり谷あり。毎日同じなんて、ありえません。

つらいことが起こっても**「大丈夫、きっとなんとかなる」と思える人。**

3. 余裕がある

4. 楽天的である

5. 周りの人を大切にする

物事の明るい面を見れば、自分自身の心が楽になりますし、周りの人を安心させることもできますよね。

反対に、何事も悪く捉えると、どんなに恵まれた環境にいても、幸せにはなれませんよね。

物事を悲観的に捉えるか、楽天的に捉えるか。

「幸せは、その人の考え方による」ともいえますね。

⑤ 周りの人を大切にする

5つ目の特徴は、周りの人を大切にすることです。

周りから「幸せだな」と思われる人って、たいてい周りの人にも親切なんですよね。

人に親切にすれば、いつかその親切が何倍にもなって返ってくる。

老人介護の現場で、幸せなお年寄りを見ていると、そんなふうに感じます。

若い頃から周りの人を思いやる、優しい言葉や、態度を身につけておきたいものですね。

わたしも、がんばります。

幸せな高齢者の特徴5選、いかがでしたか？

若い人は、将来のために。すでに高齢の方は、今の幸せのために、ぜひ、参考にしてください ね。

家庭でできる脳トレで認知症を予防しよう

認知症は、決して他人事ではありません。

年老いた家族のために、そして自分のために、日頃から何かできることはないでしょうか。

わたしは、老人デイサービスセンターの介護福祉士として15年以上前から、レクリエーションの一環として脳トレを担当しました。

心身の能力が低下し、無気力になりがちな高齢者が楽しみながらできる、さまざまな知的な活動を、脳トレ担当職員として提供してきました。

その中で、家庭でも比較的簡単にできる、いくつかの脳トレゲームを紹介します。

これから紹介するゲームは、一人で行うこともできますが、家族の集まる時間にみんなで行うと、もっと楽しいですよ。

人との交流の中で、楽しみながら脳を活性化して、認知症予防ができるといいですね。

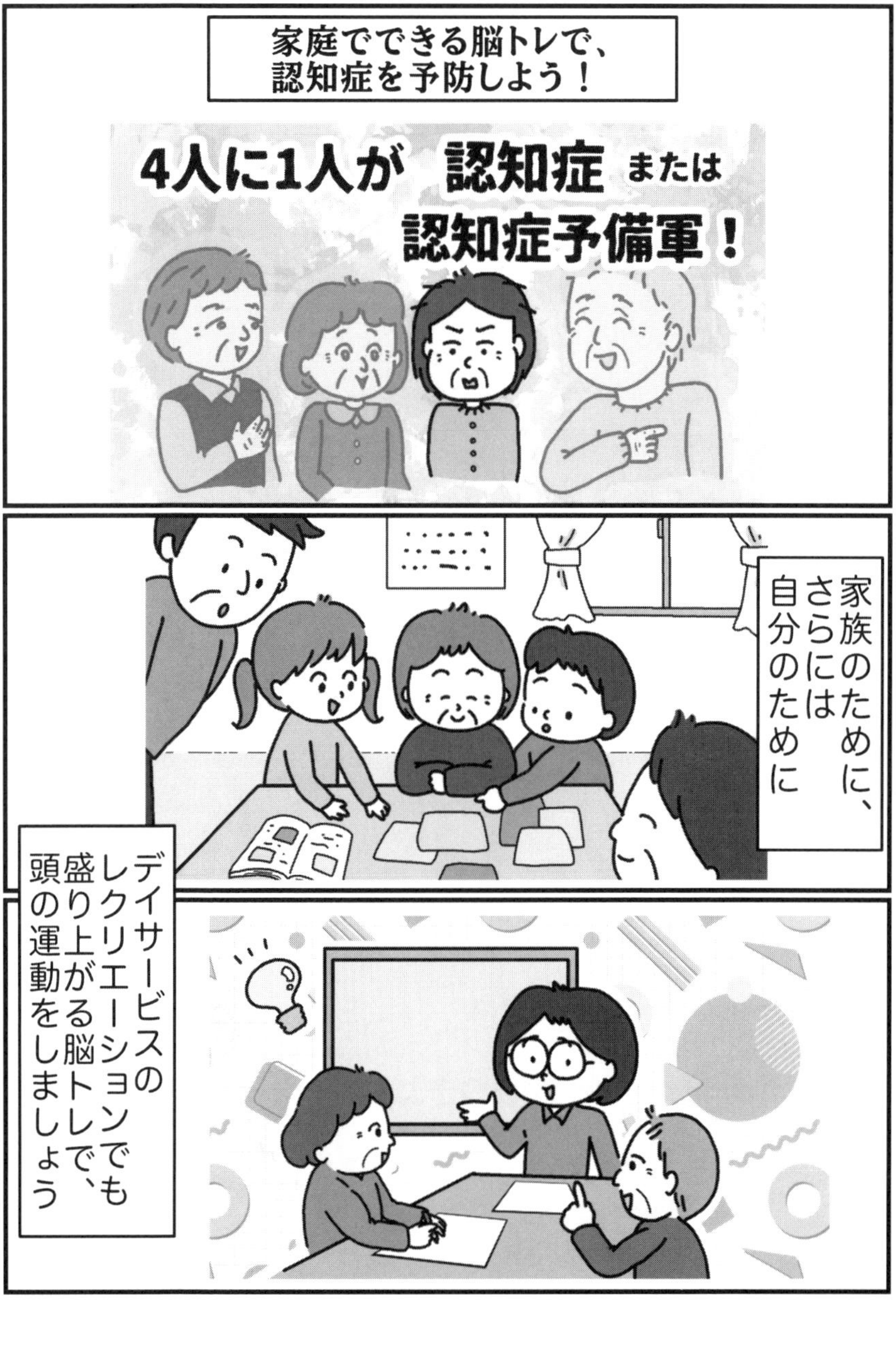
家庭でできる脳トレで、
認知症を予防しよう！
4人に1人が 認知症 または
認知症予備軍！
家族のために、さらには自分のために
デイサービスのレクリエーションでも盛り上がる脳トレで、頭の運動をしましょう

レクの
すきま時間にも
楽しめる！

文字あてはめゲーム！

ルールは簡単！

○ん○ん

○に文字を当てはめて、
言葉を完成させましょう！

何個、思いつきますか？

解答例

かんけん	漢検	にんじん	人参
ぜんしん	前進	ほんこん	香港
	全身	れんこん	蓮根
かんじん	肝心	かんばん	看板
かんぜん	完全	あんぱん	
かんせん	感染	かんぱん	乾パン
	観戦	うんてん	運転
せんでん	宣伝	はんぺん	
しんせん	新鮮	へんしん	変身
			返信

などなど…

ヒントを出すと、
会話がさらに広がり、
より楽しめますよ

ニュースが
書かれている
ものは？

しんぶん！

わたしたちは？

にんげん！

2か月に一度
もらえる、
みなさんの大切な…

ねんきん！

本当にたくさんの
言葉があります
ぜひ探してみて
くださいね

次に紹介するのは、間違い探しです。

241P（次頁）の左右の絵に3か所の違いがあります。

探してみてくださいね。

間違い探しには、集中力を高める効果があります。

また、このイラストでは、懐かしい昭和の家庭を描いていますので、その時代を思い出して語ることができます。

このように、昔の写真やイラストを眺めて、思い出を語り合う活動は「回想法」と呼ばれ、高齢者施設などで行われています。

（回想法間違い探しは、YouTubeでも紹介していますので、ぜひご覧になってく

間違い探し
左右の絵に、3か所の違いがあります
探してみてくださいね
集中力が
高まりますよ

ださいね。［夢はるかの介護チャンネル
youtube.com/@yume-haruka］）

大型連休に実家に帰って、久しぶりに高齢のご両親とお会いになる方もおられると思います。

ぜひ、ご家族でにぎやかにやってみてくださいね。

監修者が知った「人は自分を映す鏡」

番外編

きっと
将来役立つ
介護の言葉

【作話】事実かどうかは追求せず、その人の気持ちに寄り添うことが大事

「作話」とは、認知症などの症状で、事実でないことを、実際に体験したかのように話すことです。

認知症の方が、覚えていないことを聞かれて、その場のつじつまを合わせるために、話を作ることはよくあります。

とても流暢に話すこともあり、初対面の人だと、本当の話だと信じてしまうこともあります。

あくまで病気の症状であり、悪意でしていることではないので、事実ではないと思っても、頭から否定せず、気持ちに寄り添う姿勢が大切です。

【作話】
作話では、事実ではないことを実際にあったことのように話します
この間のお菓子、どうでしたか？
いつのこと？何のこと⁉
そ、そうね美味しかったわ
あのお菓子、昔から好きなのよね！甘さもちょ～ど良くって
ペラペラ
本当！？
ペラ ペラ
本当じゃなさそうだけど…否定せず聞いてみよう
うん、うんそうですね！

【患側・健側】順番を間違うと激痛

患側は「かんそく」、健側は「けんそく」と読みます。
患側とは、半身に麻痺や障害がある場合の、障害がある側を指す言葉です。
障害がない側を、健側と呼びます。
車椅子へ乗るときや、着替えのときに、患側と健側を意識して介助しましょう。
衣服を脱ぐときは健側から、着るときは患側からが基本です。
「脱健着患（だっけんちゃっかん）」と覚えましょう。

【患側・健側】
片手が動かしにくいときの着脱法
脱ぐとき
動きやすい腕から脱ぐ
着るとき
動きにくい腕からそでを通す
順番を逆にすると
イテテ！
痛い腕がさらに痛くなることもあるので要注意！

【バイタル】数値だけでは測れない健康チェックの大切さ

「バイタル」とは、体温、脈拍、血圧、呼吸などの健康状態のことです
これらの数値を計測することを、バイタルチェックといいます。
介護現場で大切なことは、数値の計測だけではありません。
顔色は良いか、悪いか。元気はあるか、ないかなど、機械では読み取れない健康状態を
把握し、記録することも大切です。

【バイタル】
健康チェックの大切さ
バイタル測定では、
血圧や体温、脈拍、
呼吸などの
数値を計測しますが…
36.7℃
熱っぽいかしら…
歩行
表情、発語
ポ〜〜…
いろんな様子を
見ています！
排泄
食事
普段の様子との
違いなど、
いろんな様子を
常に見て対応
していますよ

#【誤嚥性肺炎】むせない、咳き込まないのは危険のサイン！

「誤嚥《ごえん》」とは、唾液や食べ物など、本来、口から食道へ入るものが、誤って気管に入ってしまうことをいいます。

誤嚥すると普通は、むせたり、咳き込みますが、反射神経が衰えた高齢者の場合、誤嚥をしてもむせないことがあります。

その結果、口の中の細菌が、肺に入って引き起こされる肺炎を、誤嚥性肺炎といいます。

誤嚥を防ぐには、まず、よく噛んで、正しい姿勢で食べましょう。

調理の工夫としては、一口で食べやすい大きさにしたり、液体にとろみ剤を入れたりします。

また、唇や頬、舌のトレーニングは、嚥下機能の維持向上に効果的です。

口を膨らませたりすぼめたり、肩の上げ下げや、声を出して「パタカラ」と発声する「パタカラ体操」がおすすめですよ。

【誤嚥・誤嚥性肺炎】
唾液や食べ物が誤って気管に入ってしまう、「誤嚥」に気をつけましょう
!?
ゴックン！
誤嚥がきっかけで、誤嚥性肺炎になってしまうこともあります

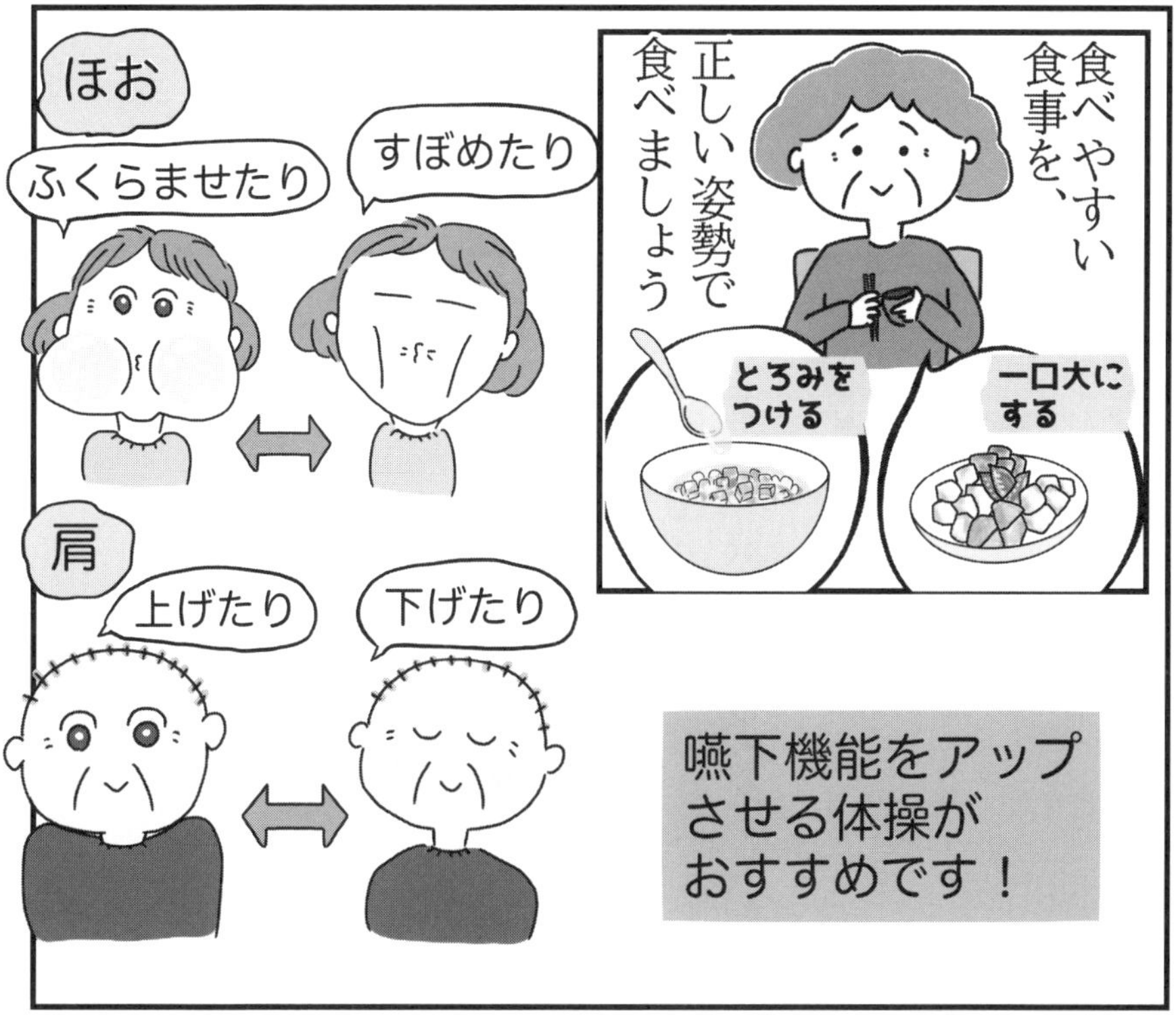
食べやすい食事を、
正しい姿勢で食べましょう
とろみをつける
一口大にする
ほお
ふくらませたり
すぼめたり
肩
上げたり
下げたり
嚥下機能をアップさせる体操がおすすめです！

おわりに　監修者より

介護保険制度がスタートした2000年4月に、わたしは地元の小さなデイサービスでリーダーの仕事に就きました。

当時はまだ「認知症」という言葉はなく、痴呆と呼ばれていた時代でした。今では否定されていますが、その頃は、一度傷ついた脳の機能は回復しないといわれていました。しかし、わたしは認知症介護の現場経験から「適切な支援を続けることによって、損傷した脳の機能はある程度回復するのではないか」と考えていました。

デイサービスに通っておられた90歳を超えた認知症の男性は、家から仕事に行くといって一人で外出し、行方不明になることがよくありました。

その男性と話すうちに、歌が得意だということがわかり、懐メロの歌集を用意しました。すると、「わしは全部歌えるぞ」といって誇らしげに美声を聞かせてくださいました。歌声は周りの利用者にも広がり、歌を通して他の利用者との交流も始まりました。

デイサービスで歌の担当の役割を得たのちは、黙って外に出ていくことはなくなり、家に帰ってからも、歌の練習をするといって歌集を手離さなかったそうです。

このケースを通して、わたしは認知症になった人でも、適切なトレーニングを継続することによって、ある程度の認知能力を回復することができるのではないかと考えました。その後、いくつかの事例をまとめ、査読のある学会誌3誌にケーススタディ（実践報告）が掲載されました。

しかしながら、学会誌の記事は専門家向けで、一部の人にしか読まれません。わたしたちの実践が、一般にはほとんど知られることがないのを残念に思っていました。

今回、15年以上前から一緒に働く、夢はるかさんがマンガを描いてくださり、わたしたちの認知症ケアの成果を、広く一般の方に知っていただくことができました。とてもうれしく思っています。

わたしたちが現場で身につけた知恵や工夫が、読者の皆様の介護実践に生かされるように祈っています。

また、記述の誤りなどお気づきの点がありましたら、お知らせいただければ幸いです。

最後に、素敵な本に仕上げてくださった大和出版編集部の岡田祐季さんと、この本を読んでくださったすべての皆様に心から感謝いたします。

介護福祉士　小坂直樹

無気力・かたくな・マイナス思考 etc.

【マンガで解説《かいせつ》】認知症《にんちしょう》の人《ひと》の気持《きも》ちと接《せっ》し方《かた》がわかる本《ほん》

2025年4月30日　初版発行

著　者……夢《ゆめ》はるか
監修者……小坂《こさか》直樹《なおき》
発行者……塚田太郎
発行所……株式会社大和出版
東京都文京区音羽1-26-11　〒112-0013
電話　営業部03-5978-8121／編集部03-5978-8131
https://daiwashuppan.com
印刷所／製本所……日経印刷株式会社
装幀者……上坊菜々子

ISBN978-4-8047-6453-5

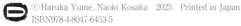